만 8~9세 자녀 이해하기

만 8~9세 자녀 이해하기

UNDERSTANDING

비디 요엘 지음 | 유순화 옮김

Σ 시그마프레스

만 8~9세 자녀 이해하기

발행일 | 2012년 6월 5일 1쇄 발행
저자 | 비디 요엘
역자 | 유순화
발행인 | 강학경
발행처 | (주) 시그마프레스
편집 | 이상화
교정 · 교열 | 안진숙

등록번호 | 제10－2642호
주소 | 서울시 영등포구 양평로 22길 21 선유도코오롱디지털타워 A401~403호
전자우편 | sigma@spress.co.kr
홈페이지 | http://www.sigmapress.co.kr
전화 | (02)323－4845, (02)2062－5184~8
팩스 | (02)323-4197
ISBN | 978-89-5832-889-6

Understanding 8–9-Year-Olds

* 책값은 책 뒤표지에 있습니다.

■ 차례

■ 역자 서문

이 책은 유아기와 청소년기에 비해 관심이 덜 집중되는 만 8~9세 아동에게 초점을 맞추고 있다. 우리나라의 연령으로 보면 9~10세 혹은 11세까지에 해당되며, 학년으로는 초등학교 2~4학년까지를 포함한다고 볼 수 있다. 저자는 이 시기를 '잠복기'라 정의하고 아동 초기와 아동 후기 사이에서 안정을 취하면서 새로운 지식을 습득하고 다가오는 변화를 준비하는 시기로 기술하고 있다. 물론 이러한 긍정적 측면뿐 아니라 이 시기에 경험할 수 있는 각종 발달적 문제에 대해서도 구체적으로 논의하면서 해결의 실마리를 제공해 준다. 책의 내용은 영국 아동의 실제 이야기를 많이 포함하고 있어서 우리나라 아동의 상황과 다소 다른 면이 있으나, 이 연령대의 발달적인 특징을 잘 보여주며 설명하고 있다.

만 8~9세 아동기는 청소년기를 성공적으로 맞이할 준비를 하는 시기라는 점에서 결코 소홀히 할 수 없는 시기이다. 이 책은 부모와 교사, 그리고 아동을 대하는 모든 성인들에게 잠복기 아동의 정서적, 사회적, 교육적 발달에 대한 중요한 통찰을 제공할 것이다.

2012년 5월

역자 유순화

■ 감사의 글

이 책에 사용된 이야기를 제공해준 모든 아동과 가족들에게 감사드립니다. 특히 새천년 글모음에서 내용을 사용할 수 있도록 허락해준 아동상담전화Child Line에 감사드립니다.

타비스톡Tavistock 클리닉은 훈련, 임상적 정신건강 관리, 연구와 학문적 활동 등에서 뛰어난 센터로 세계적인 명성을 지니고 있다. 1920년에 설립된 이 클리닉의 역사는 기념비적인 의미를 지니고 있다. 이 클리닉이 설립될 당시에는 정신건강 문제에 대한 사회적 예방과 치료 방법에 대한 연구의 기초로 활용될 수 있는 치료법을 제공하고, 이 새로운 치료 기법들을 다른 분야의 전문가들에게 전수하는 것을 목적으로 하였다. 이후 이 클리닉의 관심사는 외상trauma의 치료, 집단 속에서 이루어지는 의식적 · 무의식적 과정의 이해, 그리고 발달심리학 분야에서 중요하면서도 영향력 있는 활동 등에 집중되었다. 의료 전문가들은 분만 전후(임신 20주 이후 분만 28일 사이)에 태아胎兒나 영아嬰兒와 사별하는 사례에 대한 연구를 통해 사산死産경험을 보다 정확하게 이해하게 되고, 그에 따른 고통을 경험하는 부모와 가족들을 지원해주는 새로운 기법이 개발되어야 한다는 필요성도 인식하게 되었다. 1950년대와 1960년대에 걸쳐 자녀와 부모 사이의 상호작용을 강조하는 체계적인 심리치료 모델이 개발되면서 타비스톡에서 실시된 가족 치료 훈련과 연구 활동의 이론적 지식과 치료기법들도 상당히 많이 축적되어왔다.

『자녀 이해하기Understanding Your Child』 시리즈는 타비스톡 클리닉의 변천 과정에서 중요한 위치를 차지한다. 이 시리즈는 1960년대, 1990년대, 그리고 2004년의 3번에 걸쳐 완전히 새로운 내용으로 바뀌었다. 임상 경험과 전문가로서의 훈련 경험을 쌓은 저자들은 이 시리즈가 바뀔 때마다 관찰되고 경험했던 '평범한 발달'에 대한 평범하지 않은 사례들을 시리즈의 내용에 반영해왔다. 사회가 변화하므로 이 시리즈의 내용도, 발달과정에 있는 아이가 부모, 돌봐주는 사람, 그리고 더 넓은 세계와 상호작용하는 방식에 따라 일어나는 일상적인 일들을 이해하려고 노력하면서 바뀌어왔다. 그러나 이러한 변화 가운데서도 변함없이 지속된 것이 있다. 즉, 각 발달 단계에서 경험되는 강렬한 감정과 정서가 중요하다는 발달관은 변함없이 열정적으로 유지되고 있다.

이 책은 만 8~9세 아동에 초점을 맞추어, 아동이 가족에의 의존에서 벗어나 바깥세계로 관심을 넓혀가는 시기인 '잠복기'에 대해 기술하고 있다. 이 연령대의 아동은 대체로 선악이 분명한 상황을 선호하고 정의를 중요시하며 옳고 그름에 대한 의식이 강하다. 환경 문제와 세상을 변화시키는 일에 열정적인 경향이 있으며, 책과 영화를 통한 신비와 환상의 세계 탐험하기를 좋아한다. 비디 요엘Biddy Youell은 만 8~9세 아동의 발달 과정을 상세하게 기술하면서 부모와 보호자들에게 쉽고 분명한 지침을 제공하고 있다.

조나단 브래들리Jonathan Bradley

아동심리치료사

『자녀 이해하기Understanding Your Child』의 책임 편집자

서론

사람의 일생에서 만 8~9세 시기에는 어떤 특징이 있는가? 부모와 교사는 이 연령대의 아이에게 어떤 기대를 할 것인가? 만 8세 아동은 10세된 형제와 어떻게 다르고, 6세 된 동생과는 어떻게 다른가?

특정 연령 집단에 대한 연구는 정확할 수가 없다. 만 8~9세 아동들은 신체적, 정서적, 심리적 성숙도에서 매우 다양할 것이다. 아이들이 '갓 8세'가 되었을 때부터 '거의 10세'가 될 때까지는 엄청난 변화와 발달이 일어난다. 따라서 이 책은 일반적인 모습만 보여주게 될 것이다. 즉, 부모로서, 친척으로서, 친구로서 혹은 전문가로서 알고 있는 어떤 만 8~9세 아동을 평가하는 하나의 틀을 제공한다고 볼 수 있다. 먼저 이 연령대의 '일반적' 특징으로 간주되는 모습을 개관한 후, 각 장에서는 아동의 경험과 발달상에서 나타나는 복잡한 요인 및 정상적인 차이에 대해서 검토하게 될 것이다.

이 시기는 '잠복기'라 불리는 아동기로서, 아동이 초기의 동요와 열정으로부터 휴식을 취하며 바깥세계에 관심을 돌리는 시기이다.

아동은 가정 밖의 세계와 관계를 맺고 새로운 과제와 도전에 직면하면서 가족에 대한 전적인 의존으로부터 점차 벗어나게 된다. 이 시기에는 학교 생활이 지난 3년보다 다소 공식적으로 바뀌게 된다. 영국에서는 7세가 되면 유년초등학교infant school에서 소년초등학교junior school로 전환하게 되므로 이는 아동이 학령기에 겪게 되는 중요한 변화 중 하나이다.

아동의 정체성에 관한 질문이 가족의 범위를 넘어선다. 아동은 더 이상 단순히 부모의 자녀가 아니라 더욱 복잡한 특성을 소유했다고 여기는 한 개인이다. 아동은 이름뿐 아니라 학교, 동년배, 이웃, 좋아하는 축구팀, 그리고 친구관계까지 포함하여 자신을 설명할 것이다.

매사가 순조롭게 진행되고, 초기 경험으로부터 튼튼한 기초가 형성되어 있으면, 이 '잠복기'는 새로운 기술 습득과 지식 축적의 기간이 된다. 아동은 현실세계를 발견해감과 동시에 환상적이고 매력적이고 신비한 세계로의 진출을 즐기게 된다. 그들은 옳고 그름에 대한 이해를 발달시키고 정의와 관련된 문제에 몰두하기도 한다. 세상은 대체로 '선'과 '악'으로 이루어진 것으로 보이며, 선이 악을 이기고 행복하게 끝나는 이야기를 뚜렷하게 선호한다. 이 시기의 아동들에게는 대의 주장 — 예를 들어 멸종위기의 생물을 보호해야 한다는 것 — 이 호소력이 있으며 에너지 절약이나 자원 재활용 같은 환경문제에 열심을 보이기도 한다. 그들은 자신이 변화를 이끌 수 있다고 믿지만 가혹한 현실에 좌절하기도 한다.

이 연령대의 아동들은 여러 종류의 스티커나 '탑 트럼프' 카드, '브랏츠 키즈'(인형 종류) 액세서리 등 무언가를 수집하는 데 빠지는 경향이 있다. 이런 수집행위는 대립과 경쟁의 기회를 제공하기도 하고 상대적 가치측정과 가격흥정 기술을 발달시키는 장이 되기도 한다. 아동은 배지나 스티커 같은 상을 무척 좋아하고 칭찬과 인정을 받고 자란다.

만 8~9세 아동은 신체 발달 면에서 매우 다양하다. 어떤 아동들은 상당히 성숙해서 곧 청소년기로 들어갈 듯이 보이는 아동도 있고, 아직도 얼굴이 둥글고 어떻게 보면 유아로 보이는 아동도 있다. 만 9세가 되면 여자아동 가운데는 월경을 시작하는 경우도 있지만 이러한 신체적 성숙의 징후는 정서적, 심리적 발달과 조화를 이루기 힘들다. 대체로 이 연령대의 소년소녀들은 동성친구를 선호하며 이성친구에게는 관대하지 않다.

지금부터 만 8~9세 아동의 발달적 측면을 다양한 가족, 지역사회, 학교 장면에서 나온 실제 사례와 함께 살펴볼 것이다. 모든 이름과 인물 확인이 가능한 상세 사항은 변경하였다.

제1장

가족

understanding

부모

연령에 관계없이 아동 생애의 중심은 가족이다. 그러나 중기 아동기인 이 시기에는 그러한 강한 의존에서 벗어나기 시작한다. 만 8세 아동은 비록 작지만 자신만의 사회적 세계를 발달시키며, 이전보다는 부모의 삶에 대한 관심이 줄어들고, 부모에 대한 소유욕도 약해지고 부부에 대한 질투도 줄어든다. 대체로 초기 아동기에는 부모에게 강한 애착을 가진다. 어린 아동은 부모와 강한 정서적 유대를 가지고 있지만 그중 한쪽, 주로 반대 성별을 가진 부모와 특히 친밀한 관계를 맺는 단계를 거치기도 한다. 루이스 에마누엘Louise Emanuel(2005)은 『만 3세 자녀 이해하기』에서 아동기의 정상적인 경험인 오이디푸스적 감정에 대해 생생하게 설명하고 있다. 저자는 매일 저녁에 아빠를 맞이하기 위해 예쁜 옷을 차려입는 어린 소녀와, 자동차의 앞좌석을 차지하고 아빠를 뒤로 쫓아버리는 어린 소년을 묘사하고 있다. 둘 다 적절한 관계를 맺는 능력을 가진 성인기를 바라보는 아동의 예이다. 초기 아동기에는 이러한 상상의 초점이 그들이 알고 있는 어른에게 맞추어지지만 아동이 만 8세 정도가 되면 이러한 오이디푸스적 유대가 느슨해진다. 남자아동들은 자기들이 커서 엄마랑 결혼할 것이라는 상상을 더 이상 하지 않고 여자아동들도 자기들이 아빠를 독점할 수 없다는 것을 받아들이게 된다. 그 결과, 자기와 같은 성을 가진 사람에게로 방향을 돌리게 되어, 남자아동들은 아버지(와 다른 남자아동)를 동일시하고 여자아동은 엄마(와 다른 여자아동)를 동일시하는 결과로 나타난다.

부모는 만 8세의 자녀가 더 이상 자기들 사이에 앉으려고 하지 않거나 일요일 아침에 부부 잠자리로 들어오지 않는 것을 보고 당황하기도 한다. 자녀는 갑자기 학교 교문 앞에서 작별 인사 입맞춤을 하는 엄마로부터 고개를 돌려버리기도 하고, 부모가 부엌에서 키스하며 껴안고 있는 것을 보면 질투하는 것이 아니라 '왝'하는 소리를 내며 재빨리 자리를 피한다. 성적인 문제에 대한 관심은 놀이터에서 주워듣는 이야기에 더 초점이 맞춰진다. 놀이터에서는 화장실 혹은 방귀에 관한 농담이나 우스갯소리와 함께 성에 관한 이야기를 계속하게 된다. 이야기는 되도록 위험하고 충격적이고 '더러운' 것이어야 하며, 내용은 사랑이나 가족과는 전혀 관계가 없다.

물론 부모의 성관계 자체는 잠복기 아동에게 다양하게 영향을 미칠 수 있다. 부모의 이혼이나 홀로된 부모에게 새 파트너가 생기는 것은 이 시기 아동에게 큰 도전이 된다. 임신과 출산은 부모의 성관계에 대해 무감각하려는 아동의 희망을 저버리는 매우 일반적인 도전이다.

이것이 만 8세 된 샘의 세계를 어지럽힌 바로 그 일이다. 샘은 가족의 막내이자 형 윌리엄의 놀이 친구로서 편안한 지위를 누리고 있었다. 그는 형이나 친구들을 따라 공원에서 놀다가 지치면 따뜻이 안아주는 집으로 돌아오면 되었다. 그는 형을 따라갈 것인지 엄마와 함께 집에 있을 것인지 선택할 수 있었다. 엄마가 임신하고 여동생이 태어나자 그의 세계에는 혼란이 왔다. 그는 윌리엄형처럼 다 큰 사람같이 적응하는 것이 힘들었고 감정 조절도 거의 불가능했다. 그는 아버지에게 화가 나서(아기가 태어나기 위해서는 아빠의 역할이 있다는 것을 무의식적으로 느끼고 있었다) 아빠가 보이는 특별한 관심을 거부했다. 그는 엄마의 관심을 받으려 했고 특히 엄마가 아기를 꼭 돌봐야 할 때는 더 심했다. 엄마가 우는 딸을 위해 수유를 하려고 하면 그는 숙제를 도와달라고 떼를 쓰거나 무릎을 다쳐서 방에 들어오곤 했다. 윌리엄 역시 엄마가 여동생 소피에게 수유하는 장면을 안 보려고 했다. 그러나 그의 행동은 10세 된 큰 아이의 반응이었다. "에이 징그러워, 나는 절대 안 그랬어."

아이들의 학교에서 의논할 일이 있다고 연락이 왔다. 샘이 교실에서 우울해하고 문제를 일으킨다고 했다. 그는 선생님들께 무례하게 행동하고 무슨 일이 있으면 한없이 울기도 했다. 샘은 집에서는 아기에게 관심을 보이려고 하지만 오래가지 못하고 잠깐 동안 좋아하는 장난감을 주는 듯하다가 슬쩍 꼬집으며 도로 빼앗아 버리곤 했다. 아이들의 엄마는 샘의 행동을 보고 괴로웠다. 엄마는 샘에게 화가 났지만 아이가 힘든 것을 생각하니 죄책감도

들었다. 그녀와 남편이 모두 원했던 셋째 아이를 갖지 않았던 것이 더 나았는가?

몇 개월 동안은 힘들었지만 상황이 갑자기 변했다. 샘이 문간에서 아빠를 만나자 신이 나서 소리쳤다. "소피가 오늘 수프를 먹었어요. 우리가 먹는 것과 똑같은 수프요!" 전에도 아빠가 귀가할 때 샘이 인사 대신 소피가 무언가를 새로 시작했다는 말을 하는 경우가 있었지만 이번에는 특별한 것 같았다. 젖을 뗄 시기가 가까워져 온 것이다. 샘은 엄마와 소피가 모유 수유를 통해 친밀한 관계를 맺는 것이 견디기 힘들었다. 이 단계가 지나고 소피가 움직이고 말하는 사람으로 점점 더 재미있어지자 샘은 부모를 '용서'하고 소피가 좋아하는 오빠로서의 역할에 빠져들었다.

부모와 잠복기 자녀

부모마다 만 8~9세 된 자녀와 관계를 맺는 방식이 매우 다르다. 어떤 부모는 자기들의 사회 생활을 되살리고 취미를 개발하는 기회를 가지면서 자녀들은 스스로 자기들의 관심을 발달시키도록 내버려 둔다. 사실 그들 중 많은 사람들이 만 8~9세 된 아동의 잠복기는 감정기복이 심한 어린 아동 때보다 재미가 덜하다고 생각한다. 반면, 이 시기에 부모와 자녀가 관심과 활동을 함께함으로써 어른과 아동의 세계가 하나가 되는 가족도 있다. 항상 그런 것은 아니지만 이런 현상은 특히 아버지와 아들, 어머니와 딸 사이에 뚜렷이 나타난다. 부모가 자녀의 삶의 요구에 자신을 헌신하면서 가족은 분리될 수 없는 한 단위처럼 움직이는 것이다. 전에는 부부만의 특별한 일로 여겨지던 결혼기념일 축하 같은 일에도 요즘에는 많은 부모들이 자녀를 동반한다. 이런 일은 어른의 관심이 자녀들의 관심과 일치할 때 가능하다. 오늘날에는 성인 남녀가 '잠복기' 때의 활동, 특히 과학 기술 관련 활동에 대한 관심을 유지하고 있는 경우가 많다. 아버지는 디지털에 능숙한 아들에게 지지 않으려고 애쓰면서 아들과 컴퓨터 기술을 경쟁하기도 한다. 만 8~9세 된 아들이 낚시 같은 활동을 아버지와 함께하거나 아버지가 속한 스포츠 클럽에서 아들이 유소년 멤버로 활동하는 경우는 매우 흔하다. 동성끼리 친밀한 현상은 어머니와 딸 간의 관계에서도 나타난다. 딸들은 엄마와 쇼핑을 자주 같이하고 옷이나 머리모양을 통해 친밀해진다.

물론 이러한 모습은 전형적인 현상을 말하는 것으로서 모두 그런 것은 아니다. 아들과 딸이 전형적인 성역할과는 다르게 행동하거나 부모들이 성역할을 구별하지 않는 경우도 많다. 또한 지역사회에 따라 아이들이 흥미나 기술을 발달시킬 때 특정한 문화적 과정을 뚜렷이 거치는 경우도 많다.

형제관계

가족 내에서 아동의 위치는 언제나 매우 중요하다. 동생이 있는 만 8~9세 된 첫째 아이는 '양육' 업무를 많이 수행하지만, 같은 나이라도 독자인 경우는 아직도 '아기'일 수 있다. 형제 중에 중간인 만 8~9세 된 아동들은 어떨까? 생의 어느 단계에서는 중간이라는 것이 불리할 수도 있지만 잠복기 중기에 있는 아동들에게는 오히려 도움이 된다. 중간이라는 위치는 잠복기에서 이루어야 할 발달과업을 수행할 수 있도록 아동을 뒷선으로 약간 물러나게 해준다. 격렬한 싸움이나 동요는 2~3세 된 동생이나 초기 청소년에게 넘겨주고 자신은 물러나서 지식과 기술을 습득하고 집을 벗어난 사회적 관계를 점차 발달시키게 된다.

형제가 많을 때는 형제간 관계의 질이 가족 전체의 행복에 중요한 요인이 된다. 큰 아이는 동생들에게 학교가 어떤 곳인지를 알게 해준다. 또한 공원에서, 이웃집 마당에서, 혹은 아이들이 모이는 어디서든 함께 노는 방법도 가르쳐준다. 어린 동생은 오빠나 누나처럼 키도 크고 능력도 있고 인기도 많기를 간절히 바란다. 만 8~9세 된 아동들은 어린 동생들을 보호할 의무가 있다는 것을 아는 한편 십 대인 손위 형제를 부러워한다. 영향력 있는 만 10세의 오빠는 여동생을 또래로부터 보호하는 사람이 된다. 여동생이 오빠를 언급하기만 해도 괴롭히는 아이들은 물러날 것이다. 집에서는 사이가 좋지 않은 남매라 하더라도 학교에 가면 서로 방어해주곤 한다. 만 9

세 된 한 남자아동은 여동생과 함께 학교에 가는 것을 매우 싫어해서 무슨 수를 써서라도 떨어지려 하기 때문에 둘이서 함께 학교에 다닐 수 있을지가 의심스러울 정도였다. 자기가 축구를 하거나 친구들과 재밌게 놀고 있을 때 여동생과 여동생의 친구들이 귀찮게 달라붙으면 몹시 싫어하곤 했다. 그러나 여동생이 넘어지거나 어떤 불공평한 일로 화가 나 있을 때는 바로 끼어들어 도와주었다.

집이나 학교에서 문제가 있을 때는 아이들이 모든 면에서 서로 도와야 한다. 부모가 자기들 문제로 여념이 없는 경우와 같이 극단적인 상황에서는 형제간에 서로 위로해줄 수 있어야 한다. 한쪽 혹은 양부모 모두 직장 때문에 집을 많이 비우거나 양육 부담을 이기지 못하는 경우에는 잠복기 연령에 있는 자녀가 큰 도움이 된다. 어떤 형제들은 기능적으로 일을 나누어 하기도 하고 정서적인 지지를 해주기도 한다. 부모에게 신체적 장애나 정신적 문제가 있을 경우에는 자녀들이 학교에 다니면서 가사를 함께 돌보기도 한다. 물론 자녀의 부담이 합리적인 수준을 훨씬 넘어서는 가정도 많이 있다. 심각한 방임이나 학대가 있는 경우, 만 8~9세 된 자녀는 동생들을 전적으로 책임져야 하며, 자기가 처한 현실을 선생님이나 친구들이 모르게 하려고 애쓸 것이다.

만 9세인 제이는 학교에 오기는 하지만 거의 매일 지각을 하고 밤에 한숨도 못 잔 것처럼 보일 때가 자주 있다. 그의 옷은 지저분하고 가끔 역겨운 땀냄새가 심하게 나곤 했다. 그는 학교 급식을 맛

있게 먹었다. 선생님이 엄마와 동생들에 대해 자주 물어보았지만 제이는 거의 대답을 하지 않았다. 학교에서 제공하는 아침식사를 하러 일찍 올 수 있느냐고 물었을 때 제이는 집에도 먹을 게 많다고 말하면서 신경질적으로 반응했다. 선생님이 박물관 견학에 대한 가정통신문에 왜 확인을 받아오지 않느냐고 물었을 때는 가고 싶지 않다고 말했다. 급기야 제이는 수업 시간에 두 번이나 잠들어버리고, 책을 소리 내어 읽으라는 말에 감정을 주체하지 못하고 울음을 터뜨리는 등 학교 생활이 매우 힘들게 되었다. 수석교사가 이 사실을 알고 학교사회복지사에게 가정을 방문해보도록 제안했다. 가정 상황은 충격적이었고 제이의 어머니는 매우 방어적인 사람이었다. 사회복지 서비스의 도움을 받아 가족의 필요에 대한 포괄적인 평가를 하게 되자 제이는 마침내 어머니와 계부 간의 폭력, 그리고 자기가 4세의 여동생을 어떻게 돌보고 있는지 이야기했다. 그는 동생이 먹을 것을 충분히 먹도록 확인할 뿐 아니라 동생을 보호하기 위해 동생의 침대 옆 마룻바닥에서 잠을 잤다.

형제간 경쟁

모든 형제들은 다툴 때가 있다. 그러나 형제, 자매들이 계속해서 '전쟁' 상황이면 그 부모는 불안, 좌절, 기진맥진하게 된다. 부모들의 반응은 과거에 자기들이 원가족 내에서 자기 위치에 대해 가진 감정을 처리하기 위해 사용했었던 방식(그리고 지금도 계속 사용하고 있는 방식)에 많이 좌우된다. 일반적으로 형제간의 경쟁을 (앞의 예에서 본 샘처럼) 큰 아이와 새로 태어난 아기 사이의 중간이 되는 데서 오는 것으로 생각하는 경향이 있다. 그러나 많은 아동들이 자기가 첫째가 아니라는 사실을 싫어한다. 이 아동들은 손위 형제에게 지지 않으려하고 똑같이 하려고 애쓰지만 이는 그 아동으로 하여금 그만큼 계속해서 부족하거나 냉대받는 느낌을 갖게 할 수 있다.

만 8세 된 에이샤는 오랫동안 형제가 없다가 여동생 제스가 태어나 너무 좋았다. 에이샤가 아기를 정말 좋아하고 아기가 태어난 후 수개월 동안 엄마를 얼마나 잘 도와주었는지 모든 사람이 놀랐다. 에이샤는 엄마가 학교에 자기를 만나러 올 때 아기를 데리고 오면 여동생이 생겼단 사실을 자랑할 수 있어서 무척 좋아했다. 그런데 제스가 자라서 돌아다닐 수 있게 되자 에이샤에게 접근하는 주목적이 언니를 할퀴거나 꼬집으려는 것이어서 가족에게 큰 충격이었다. 처음에는 재미로 넘겼으나 에이샤는 이런 예상치 못한 행동에 점점 지치고 화가 났다. 제스가 크면 관계가 좋아질 거라 생각했으나 전혀 그렇지 않았다. 엄마는 제스가 얼마나 나쁜 짓을 하고 있는지 알게 하려고 최선을 다했지만 제스는 달라지지 않았다. 제스는 놀이방이나 유아원에서는 친절하고 인기 있는 아이였으나 언니에게는 계속 못되게 굴었다. 언니가 자기의 장난감을 만지거나 소파에서 엄마 옆에 앉으면 소리를 질렀다. 에이샤는 결국 동생과 친하게 지내기를 포기했고 동생보다 우월한 어휘력을 이용해서 제스가 하는 일을 비난하기 시작했다.

제스가 만 8세가 되고 에이샤가 16세가 되자 갑자기 상황이 달라졌다. 에이샤는 집 밖에서 만족스런 사회 생활을 하게 되었고, 제스는 엄마의 관심을 더 많이 받게 되어 한결 여유가 생겼다. 싸움은 사라진 것 같았고 제스는 사교적인 십 대 언니에게 감탄하기도 했다. 그제서야 부모는 성인이 된 딸들이 서로 좋은 관계를 유지하고 있는 모습을 상상할 수 있게 되었다.

대부분의 형제간 경쟁은 일상적인 가족 생활 안에서 해결이 가능하며 에이샤와 제스 사이에 있었던 적대감을 해결하는 데 걸렸던 시간만큼 오래 걸리지는 않는다. 그러나 형제간에 만성적인 질투는 부모 간 불화를 유발할 수 있는 스트레스 중 하나이다. 엄마와 아빠는 싸움을 해결하는 방법에 대해 전혀 다른 생각을 가지기도 하고 누가 가해자이고 누가 피해자인지에 대해서도 생각이 다를 수 있다.

데이비스 부부는 만 9세 된 체니스와 만 7세 반인 제이슨이 끊임없이 싸우는 바람에 지쳐버렸다. 부부는 평화를 유지하기 위해 생각할 수 있는 모든 방법을 시도해보았다. 자동차의 앞좌석에 앉는 것과 같은 특권은 엄격하게 돌아가면서 부여하였다. 생일이나 성탄절 선물은 금액이 똑같은 것으로 사야 했고 아이 방에는 각자 텔레비전을 놓아주어서 프로그램 선택이나 리모컨 사용 때문에 싸움이 일어나지 않도록 했다. 식사 시간은 테이블을 사이에 두고 서로 말다툼을 하는 바람에 악몽과도 같았다. 제이슨은 누나가 한 가지 음식만 먹는 것을 흉내 내면서 놀리고 체니스는 동생의 식사 예절이 나빠서 속이 메스껍다고 불평했다. 체니스는 동생 방에 아무 때나 들어가서 동생을 자극했고 동생은 학교에 가려고 집을 막 나가는 순간에 마루에서 누나의 책가방을 뒤집어 물건을 쏟아버리며 앙갚음을 했다. 두 아동 모두 자기가 불이익을 당했을 때 복수하는 것은 전적으로 옳다고 생각했다.

데이비스 부부는 점점 더 필사적으로 자녀들을 공평하게 대하려고 했다. 마치 법정에서 사는 것 같았다. 어느 날 예상 밖의 위기가 왔다. 부인은 체니스에게 학교에 갈 준비가 늦으면 제이슨이 앞좌석에 앉게 될 것이라고 말했다. 그녀는 특권을 몰수하여 '무죄'인 아이에게 넘기는 것이 증오와 원한을 가중시키는 것이란 사실을 깨닫지 못했다. 투덜거리며 뒷좌석에 앉은 체니스는 만족스러운 듯 기분 나쁘게 노래를 흥얼거리는 제이슨의 의자를 발로 찼다. 체니스는 제이슨에게 조용히 하라고 하다가 고함을 지르고 욕설을 퍼부었다. 결국 화가 나서 체니스가 울어버리자 제이슨은 누나를 울보 아기라고 부르면서 학교에 가서 모두에게 말할 거라고 했다. 누나는 동생 의자를 다시 찼고 제이슨은 안전벨트를 풀고 의자너머로 누나를 때리려 했다. 데이비스 부인은 제이슨을 붙잡으려고 팔을 뻗다가 맞은편 차선으로 넘어가 버리고 말았다. 다행히 사고는 없었지만 부인은 부들부들 떨며 몸서리를 쳤다. 그날 저녁, 부인은 남편에게 이대로 가만히 있어서는 안 되겠다고 말했다.

가족 주치의를 찾아갔더니 그 지역에 있는 아동청소년정신건강센터를 소개해주었다. 상담을 하는 가운데 그들은 지금 자기들이 처해 있는 곤경에 대해 겉으로 표현은 하지 않아도 서로 '책임을 전가'하고 있었음을 알 수 있었다. 또한 어느 아이가 더 문제가 있는지에 대한 생각도 달랐다. 데이비스는 제이슨이 자극만 하지 않으면 딸은 제대로 행동할 것이라고 생각했다. 부인은 제이슨이 더 상처를 받는 편이라고 보고 있었다. 어쨌든 동생은 어리니까 체니스가 스스로 조절할 수 있어야 한다는 것이다.

생각의 차이에 대해 깊이 탐색해본 결과 자신들의 어린 시절 경험이 지금의 행동에 영향을 준다는 사실이 드러났다. 체니스와 제이슨은 부모가 각자 원가족 내에서 형제들과의 갈등을 어떻게 다루었는지에 대해 이야기할 때 열심히 들었다. 그 후, 아동들은 자기들도 그렇게 싸우는 것을 바라지 않는다는 것과 부모가 중재해서 자기들을 중단시킬 수 있기를 정말 바랐다는 것을 알게 되었다. 그리하여 남매는 사이좋게 지내도록 노력하고, 한 명에게 문제가 생겼을 때 다른 형제가 그것을 이용하여 이득을 보려 하지 않겠다고 약속했다. 또한 토요일에는 데이비스는 제이슨과 함께, 부인은 체니스와 함께 시간을 보내기로 약속했다.

조부모

이 연령대의 아동에게는 조부모가 매우 중요할 수 있다. 조부모가 가족 생활에서 적극적인 역할을 한다면 잠복기 단계 아동의 정체감을 발달시키는 데 중요한 기여를 할 수 있다. 만 8~9세 된 아동들은 조부모가 자기들의 부모의 부모라는 것을 이해하고, 조부모를 보면서 오늘날 부모의 모습을 어느 정도 이해하기 시작한다. 양가 조부모는 가족사를 대표하는 인물인 것이다. 만 9세 된 아동은 양가의 지난 세대에 대한 간단한 정보 짜맞추기를 대체로 좋아한다.

21세기인 지금, 조부모는 나이 차와 세대 차를 상징할 수 있지만 부모는 꼭 그런 것은 아니다. 자기들이 젊었던 시절의 문화를 잊지 않고 있는 부모의 경우에는 세대 차가 크지 않을 것이다.

멜리사의 예를 들어보자. 멜리사의 엄마와 아빠는 현대기술적 측면에서는 최첨단을 걷고 있다. 그들은 휴대용 미디어플레이어를 각자 가지고 있고 주말에는 청바지와 운동복을 입는다. 멜리사는 이런 '유행을 따르는' 부모가 자랑스럽지만 세대 차가 나는 친할아버지와 시간을 보내는 것도 매우 좋아한다. 할아버지는 손녀가 가진 디지털오디오플레이어를 '트랜지스터 라디오'라 부른다. 또한 사놓기는 했지만 작동법을 모르는 정교한 비디오리코더와 하드디스크 드라이브 플레이어를 켜달라고 계속 부탁한다. 멜리사는 할머니가 추운 날 손녀가 옷을 따뜻하게 입었는지 걱정하는 것도 좋아한다. 공부 잘 하는 것을 그저 당연하게 여기는 부모님보다도 할아버지와 할머니가 손녀의 학업에 더 관심을 보여주었다. 조부모님은 학교 음악회에 초청되면 너무 좋아하셨고 멜리사는 눈에 띄는 손님인 할머니, 할아버지와 함께 있는 것을 다른 사람이 보는 것을 매우 자랑스럽게 여겼다.

단지 하나 불편한 것은 이렇게 사랑하는 조부모님과 멜리사의 엄마가 그다지 좋은 관계가 아니라는 사실이다. 멜리사는 그들 간에 무엇이 문제인지 이해할 수 없었다. 가족 행사에 할머니 할아버지를 항상 초대하는 데 대해 엄마가 불평하는 것과 할머니가 엄마의 요리나 청소에 대해 드러내놓고 비난하는 것을 듣는 일은 고통이었다. 할머니는 며느리가 밖에 나가 일하는 것이 용납되지 않는다는 것을 숨기지 않으셨다. 아이를 돌보러 오는 것은 언제나 좋아했지만 그때마다 항상 말하기를 며느리가 또 밖에 나가기 때문에 왔다고 하고, 계속해서 멜리사에게는 다림질할 옷이 쌓여 있다고 말한다. 멜리사는 엄마가 화가 날 것이고 그러면 아빠가 수세에 몰릴 것을 알기 때문에 할머니에게 그러지 말라고 말리기도 했다.

멜리사는 자기가 할머니 댁에 가는 것을 훨씬 더 좋아했다. 그곳에서는 가족 사진을 보면서 시간을 보낼 수 있었다. 식사 시간은 집에서보다 약간 공식적인 행사 같은 느낌이 있지만 그녀는 할머니가 해주시는 음식을 좋아해서 맞추기 어렵지 않았다. 그녀는 때로 집에 돌아가서는 상대적으로 느슨한 식사 예절을 부모님께 지적하기도 했다. 이런 행동은 멜리사의 엄마와 할머니 간의 관계를 향상시키는 데 아무런 도움이 되지 않았다.

외할머니댁은 매우 달랐다. 외할머니댁은 훨씬 더 멀리 있기 때문에 자주 가지는 못했다. 그러나 멜리사는 초라하고 복잡한 듯한 느낌이 드는 외가를 매우 좋아했고 그곳에 있는 애완동물—강아지 한 마리와 고양이 세 마리—과 매우 친하게 지냈다. 외조부모는 엄마와 외삼촌 두 분이 집을 떠나자 이 동물들을 기르기 시작했다. 외할머니가 고양이를 데리고 의자에 앉아 있을 때 멜리사는 강아지를 데리고 소파에 누워 있는 것을 매우 좋아했다. 멜리사는 집에 있을 때보다 훨씬 더 자유로웠고 외조부모와 함께 텔레비전 앞에서 피자와 아이스크림을 먹어도 아무 문제가 없었다.

양가 조부모는 멜리사에게 짧은 기간 동안 집과 부모를 벗어날 수 있는 기회를 주었다. 그녀는 두 집은 매우 다르다고 자주 이야기했지만 양쪽 집에 가기를 좋아했다. 친가의 조부모는 정해진 규칙을 강조했다. 취침 시간이 가까워오면 30분 후에 불을 끄기로 약속하고 코코아를 마시며 이야기를 나눈다. 외가의 조부모는 취침 시간에 대해서는 별로 신경 쓰지 않았다. 멜리사는 가끔 거실에서 잠이 들기도 하고 너무 졸려서 못 견딜 때에야 잠자리에 들기도 했다.

멜리사와 비슷한 경험을 하는 경우는 흔히 있을 것이다. 두 세대

간 혹은 그 이상 세대 간에 완벽한 조화는 상당히 드물다. 멜리사는 엄마와 할머니 사이, 양가 조부모 사이의 긴장을 느낄 수 있었다. 그러나 가족이 모이면 대체로 모두 다 잘 행동했다. 멜리사는 그들이 근본적으로 다른 가치관을 가진 것은 아니라는 사실과 부모님이 그들 간의 차이를 극복하는 방법을 알고 있다는 것을 인식할 수 있었다.

문제를 그다지 원활하게 해결하지 못하는 가족도 많이 있으며 잠복기의 아동들이 복잡한 가족 역동 속에서 어떤 역할을 담당하는 경우도 많다. 그들은 어느 한쪽으로 마음을 정했을 수도 있고, 부모로부터 특정한 쪽에 가깝게 행동하지 말거나 조부모에게 아무 것도 말하지 말라고 지도받았을 수도 있다. 더 극단적인 경우에는 아이들이 가족 불화에 휩싸여 있을 수도 있고, 자녀들로부터 소외된 조부모에 대해 알 수 있는 기회조차 없는 경우도 있다. 조부모 중에는 어린 아동들을 못 견디는 사람도 있고, 만 8~9세 된 아동들을 너무 시끄럽고, 너무 조숙하고, 너무 고집이 세다고 여기는 사람도 있다. 손자를 돌보는 것은 자녀를 기르는 역할을 할 수 있는 두 번째 기회가 된다. 그러나 그것은 또한 이전의 실패를 떠올리게 하여 불관용, 적대감, 분노를 일으키기도 한다. 실제로 어떤 조부모들은 자식에 대한 질투와 조부모로서의 삶을 조절하지 못하고, 그 결과 불평하고 비난하게 된다.

21세기 초의 많은 가족들은 자녀 돌보는 일을 조부모에게 맡기고 엄마는 일을 하러 간다. 이 현상은 할머니가 돌보는 것이 자녀에게 제일 좋다는 합의하에 이루어지는 선택일 수도 있고, 혹은 필요에 의한 것일 수도 있다. 자녀를 맡기는 비용이 많기 때문에 부모가 돈을 적게 벌 경우에 조부모가 가족을 돕기도 한다. 자녀가 만 8세가 되면 조부모의 역할은 학교가 파한 이후로 줄어드는 경우가 많다. 자녀를 학교에서 데려와서 부모가 일을 마치고 집에 돌아올 때까지 돌봐주는 것이다. 이 경우에는 저녁식사, 숙제, 취침 등 일상 생활에 중요한 역할을 담당하게 된다. 아이들은 이런 식으로 한쪽 혹은 양가 조부모와 매우 가깝고도 중요한 관계를 발달시키다가, 조부모가 늙거나 건강이 나빠지면 많은 영향을 받는다.

> 새디 할머니는 일주일에 세 번씩 샐리 앤을 데리러 학교에 갔다. 그녀는 손녀가 친구들에게 둘러싸여 교문에서 나오는 모습을 보는 것이 좋았다. 그녀는 35년 전 샐리 앤의 엄마를 기다리며 같은 장소에 서 있었던 것을 뚜렷이 기억했다. 손녀가 할머니를 발견하고 친구들에게 인사하고 자기에게 안길 때는 언제나 감동이었다. 그들은 오늘 있었던 일에 대해 이야기하면서 할머니 댁으로 걸어갔다. 텔레비전을 켜기 전에 샐리 앤의 숙제부터 함께 마치기로 규칙이 정해져 있다. 할머니는 샐리 앤이 제일 좋아하는 차를 만들어주신다. 아버지가 딸을 데리러 올 때 두 사람은 언제나 소파에 함께 앉아 텔레비전을 보고 있어서 아버지는 딸에게 서둘러서 외투와 가방을 챙겨가자고 하면서 다소 미안한 느낌을 가졌다.
>
> 어느 추운 겨울날, 샐리 앤이 학교에서 나왔으나 할머니가 계

시지 않았다. 몇 분 기다리다가 학교 사무실로 돌아갔다. 사무원이 할머니에게 연락해보았지만 연락이 되지 않아 다시 아버지의 회사로 연락하는 동안 한 시간을 더 기다렸다. 여섯 시가 지나서야 아버지는 창백하고 당황한 얼굴로 도착했다. 돌아가는 차 안에서 아버지는 할머니가 집 밖에서 쓰러지셔서 엉덩이뼈가 골절되어 병원에 입원하셨다고 말씀하셨다. 할머니는 가벼운 뇌졸중으로 쓰러지신 것이다. 병원에서는 샐리 앤 어머니의 직장에 전화를 했다. 샐리 앤은 놀라서 병원으로 바로 가고 싶어 했지만 아버지가 시간이 너무 늦다고 하여 다음 날 방문하기로 했다. 샐리 앤은 몹시 화가 났고, 집에 돌아와서는 저녁식사에 대해 불평하면서 엄마를 화나게 했다. 샐리 앤은 할머니가 해주는 음식을 원했다. 부모도 이해할만했다. 금요일에는 언제나 소시지와 칩뿐이었다. 샐리 앤은 그날 저녁과 다음 날 내내 투덜거렸다. 부모는 딸이 할머니를 만나면 괜찮을 것이라고 생각했다. 그러나 병원에 갈 시간이 되자 샐리 앤은 가고 싶지 않다고 했다. 숙제가 너무 많아 시간을 낼 수가 없다고 고집을 부렸다. 엄마는 결국 무척 화가 나서 딸에게 이기적이고 감사할 줄도 모른다고 비난했다.

마침내 할머니를 뵙고 나서야 샐리 앤은 어느 정도 안심이 되었다. 할머니에게 포도를 드리고 잡지도 보여드리면서 할머니가 그다지 다르지 않다는 것을 알고는 안도하게 되었다. 그러나 이후 몇 달 동안 손녀와 할머니의 관계는 많이 달라졌다. 할머니가 학교까지 걸어서 왕래하기까지는 오랜 시간이 필요했고 쇼핑이나 요리, 그 밖의 집안일을 하기 위해서는 많은 도움이 필요했다. 샐리 앤은 할머니의 도우미로 역할하는 데 익숙해져야 했고 그 일이 항상 즐거운 것은 아니다.

가족 간의 관계가 좋았기 때문에 이러한 상황을 원만하게 해결할 수 있었다. 어쨌든 변화는 일어나야 했다. 샐리 앤은 어쩔 수 없이 할머니의 이전 같은 배려를 받지 못하는 시점에 이르렀다. 무엇보다도 할머니와 샐리 앤 가족이 모두 평화로운 일상을 즐기고 있을 때 너무 뜻밖의 사건이 발생했다는 것이 가장 문제였다.

조부모가 잠복기 아동들에게 여러 방법으로 안전한 보금자리를 제공해주는 것이 가장 좋은 환경이다. 조부모는 아이를 더 많이 편들어주기도 하고, 만 8~9세 된 자녀를 기르느라 힘들어하는 부모를 위해 뒷받침이 되어주기도 한다. 조부모와 관계가 좋은 아동들은 집에서 어떤 문제가 생겼을 때 찾아갈 데가 있고, 자기와 부모를 동시에 사랑하면서도 그 문제에 대해 다른 관점을 가진 사람과 이야기도 할 수 있다. 가까이 사는 조부모는 아이의 삶의 일부가 된다. 멀리 떨어져 있거나 확연히 다른 환경에 사는 조부모는 다양성과 차이, 새로운 경험을 제공해줄 수 있다.

확대가족

지금까지 조부모에 대해 언급된 내용 중 많은 부분이 삼촌이나 이모, 고모, 사촌의 역할에도 해당된다. 친척들은 아동의 생애에서 담당하는 역할이 있고 그 결과 자아의식의 발달에도 영향을 미친다. 삼촌과 이모, 고모는 어머니나 아버지와는 다른 역할 모델을 제공하면서 가깝게 연결된 '안전한' 성인으로서 만 8~9세 된 아동의 삶에 중요한 역할을 할 때가 많다. 사촌은 형제와 마찬가지로 여러 관계를 실험해볼 기회를 제공한다. 어떤 사촌은 선망의 대상이 되고 다른 사촌은 비난을 받는다. 어떤 사촌은 만 8~9세 된 아동의 보호본능을 유발할 것이며, 비슷한 나이의 사촌이 있다면 안전한 환경 속에서 다소의 경쟁과 라이벌 의식을 시험해볼 기회가 될 수 있다.

가족 불화

부모와의 강한 유대감에서 벗어나 약간의 거리감을 시도하고 있는 8세 된 아동에게 부모의 불화나 이혼은 심각한 장애가 될 수 있다. 부부간의 관계가 깨진 어머니들과 아버지들은 자녀를 정서적인 충격으로부터 보호하기 위해 최선을 다한다. 그러나 아무리 최선을 다해도 충격을 막을 수 없다. 헤어진 부부 대부분이 자녀들에게 부모가 헤어진 것은 누구의 잘못도 아니며 여전히 부모에게 제일 중요한 존재는 자녀라는 것을 계속 인식시키기로 합의한다. 그러나 이혼 절차라는 현실 속에서 이러한 좋은 의도가 퇴색되는 경우가 너무 많다. 비록 결혼관계는 서로의 합의하에 끝났지만, 심한 상처와 의심, 질투심으로 인해 재정적 문제와 아이와 함께 살지 않는 부모의 면접권에 대한 심한 논쟁으로 이어지는 경우가 자주 있다. 새로운 파트너가 있을 경우에는 이런 갈등이 더욱 심해지고 자녀는 '버림받은' 부모의 고통을 목격할 수밖에 없다.

물론 면접권에 동의하고 극심한 갈등 없이 평화적으로 헤어지는 부부도 있다. 함께 살지 않는 한쪽 부모는 중요한 가족 행사에 초대되어 환영받는 방문객이 될 수도 있다. 이런 경우가 바람직한 것은 분명하지만 한 가지 작은 문제가 있다. 잠복기 나이의 아동들은 왜 부모가 계속 함께 살 수 없는지 혼란스러울 수도 있고, 화해에 대한 비현실적인 희망을 품을 수도 있다. 다음 이야기가 그 전형적인 예이다.

다니엘은 부모님이 행복하지 않다는 것을 알고 있었다. 그는 어머니가 '우울증'이라는 병 때문에 고생하고 있고 아버지는 어머니의 병에 대해 별로 배려하지 않는다는 것을 알고 있었다. 그는 어머니가 저녁에 아버지가 돌아오기를 기다리지 않는다는 것을 알 수 있었다. 오히려 아버지가 며칠 동안 출장을 가면 어머니의 우울증이 나아지는 것을 느꼈다. 아버지가 안 계시면 어머니는 아들딸을 위해 특별한 저녁식사를 차려주었고, 소파에 모두 기대앉아 아버지가 좋아하지 않는 프로그램을 보곤 했다. 다니엘은 아주 어릴 때 어머니를 정말 좋아했고 아직도 엄마의 머리카락 한 움큼을 작은 상자에 담아 주머니에 넣고 다닌다. 그는 자기가 엄마를 행복하게 하지 못하는 것이 매우 슬펐다. 다니엘은 또한 아버지도 사랑하고 존경했으며 아버지가 운전하는 빠른 차를 타고 학교에서 돌아오거나, 축구연습을 할 때 아버지가 보러오는 것을 매우 좋아했다.

다니엘이 만 9세였을 때 아버지가 집을 떠나겠다고 말했다. 다니엘은 처음에는 충격을 받았으나 곧 강한 책임감을 가지게 되었다. 이제는 자기가 집안에서 유일한 남자이고 어머니와 여동생은 자기를 필요로 했다. 그는 어머니를 안아주며 남은 식구들끼리 잘 지낼 수 있을 것이라고 위로했다. 아버지에게는 자기가 가족을 돌볼 것이라고 말했다. 아버지는 가깝게 연락하며 지낼 것이고 돈 걱정은 하지 않아도 된다고 약속했다.

처음 몇 주 동안 다니엘은 부모의 이별이 일시적인 것이라고 믿었다. 부모님의 관계가 괜찮아 보이므로 틀림없이 서로 얼마나 그리워하는지 알게 될 것이라 믿었다. 그는 부모님이 충분한 시간을 가지고 이야기하면서 자기들의 실수를 깨달을 수 있도록 부담을 주지 않으려고 여동생과 함께 매우 노력했다. 그는 아버지에게 새로운 파트너가 있다는 사실을 몰랐다. 이 사실을 알게 되자, 악몽이 시작되었다. 어머니는 심적 고통을 견디지 못하고 다니엘이 알고 싶지도 않은 사실을 말하기 시작했다. 다니엘은 들은 이야기를 감당해내기 힘들었다. 아버지가 다른 여자와 살림을 차렸으며 그 일이 2년 동안 지속되고 있었다는 사실을 알고 싶지 않았다. 어머니가 친구의 부모님이나 할머니 할아버지께 아버지 이야기를 하는 것도 듣기 싫었다.

다니엘은 어머니에게 화가 나서 아버지가 떠난 것은 어머니 때문이라고 생각하기 시작했다. 어머니가 아버지를 떠나지 못하게 했어야 한다고 생각했다. 그는 이런 생각을 어머니와의 대화를 통해 표현하지 않고 대신에 용돈이 없다고 투덜대거나 어머니의 낡고 초라한 차에 타기 싫다고 불평했다. 어머니는 화가 나서 아들을 나무라고 아들은 어머니를 비난했다. 어머니는 다니엘에게 아버지와 똑같다고 말했고 다니엘은 아버지처럼 되고 싶다고 고함을 질렀다. 다니엘은 동생에게 자기들이 원인이라고 말했다. 자기들이 태어나기 전에는 가족이 행복했었다고 말했다.

처음 6개월 동안 다니엘은 어머니에게 화내고 고함지르기를 계속했다. 그는 아버지가 정말 보고 싶었고 어머니의 분노가 아버지를 집으로 오지 못하게 하는 것이라 의심했다. 그는 마음속으로 부모님을 피해자(아버지)와 가해자(어머니)로 나누고 있었다. 이는 그 당시 자기가 겪고 있는 고통을 순전히 자기 나름대로 해석한 결과였다. 6개월이 지나고 어머니가 아버지를 집에 오지 못하게 하는 것이 아니라 아버지가 원하지 않는다는 것을 알게 되자 그러한 편 가르기는 역전되었다. 다니엘은 수없이 절망했다. 그는 어머니가 자기 앞에서 아버지를 비난하는 것은 말렸지만 다시 어머니를 이해하기 시작했다. 그는 집에서 남자 역할 모델을 잃은 상실감이 있었지만, 남자 선생님이 계셨고 어머니의 남동생인 외삼촌과 많은 시간을 보낼 수 있었다.

새 가족

한쪽 부모에게 새 파트너가 생기면 '잠복기' 상태의 마음에 동요가 일어난다. 위의 예에서 다니엘은 아버지의 새 여자친구를 결코 용납할 수 없었다. 그 여자를 만나 몇 시간 동안 예의를 지키기는 했지만 그 집을 방문하지는 않았고 결혼식에 참석하는 것은 정면으로 거부했다. 이런 행동이 아버지를 힘들게 한다는 것을 알고 있었지만 그때는 엄마에 대한 마음뿐이었다. 또한 모든 사람이 행복하게 되는 방향으로 생각하려 하는 동생까지도 무척 괴롭히는 것이란 사실도 알고 있었다.

새 가족이 생기는 것은 한부모와 사는 데 익숙한 아동에게는 특히 도전이 된다. 어떤 아동은 자기들 생각에 외롭고 보호받지 못하며 무언가 부족해 보이는 어머니(혹은 아버지)를 위해서, 혹은 자기 자신을 위해서 다른 한쪽 부모가 있기를 바라기도 한다. 그러나 부모를 수년 동안 독차지해온 아이들은 제삼자를 받아들이기가 쉽지 않다.

다음에 두 가지 다른 예가 제시된다.

제니스 어머니는 (제니스의 입장에서는) 갑자기 일주일에 한 번씩 저녁에 살사춤을 배우러 나가겠다고 말했다. 제니스는 깜짝 놀라서 "왜요?"하고 물었다. 어머니는 자기가 본래 춤추기를 좋아했으며 이제 제니스가 여덟 살이고 동생이 다섯 살이니 도우미에게 부탁하고 나가도 괜찮을 것이고, 어머니도 약간의 사회 활동을 시작하려 한다고 설명했다. 제니스는 어머니가 자기들을 위한 헌신적인 엄마가 되는 것 외에 무언가를 더 원하는 것을 믿을 수 없거나 믿고 싶지 않다는 듯 계속해서 "왜요?"하며 물었다. 어머니가 나가는 날 저녁이 되자 제니스는 배가 아프고 병이 날 것 같다고 하면서 어머니를 집에 잡아두려는 시도를 했다. 제니스가 왜 그러는지 아는 어머니는 딸에게 분명히 아무 일 없을 것이며 아프면 할머니가 알아서 해주실 것이라고 말했다. 또한 어머니가 휴대폰을 가지고 있으니 진짜 문제가 있으면 연락하라고 했다. 제니스는 한숨을 쉬었고 엄마로부터 잘 자라는 키스를 받았다. 제니스는 잠을 잘 수 없었지만 어머니가 집에 돌아와서 제니스의 방문을 살짝 열어보았을 때 조용하게 자는 척하였다. 이제는 화요일 저녁이 할머니와 함께 즐거운 시간을 보내는 제일 좋은 날이 되었다. 어머니가 하루를 더 나가겠다고 했을 때 제니스의 불안 수준이 약간 높아졌으나 불평하지는 않았다. 새로운 도우미가 온다는 것은 훨씬 힘든 일이었으나 그에 따른 보상이 있다는 것을 곧 깨달았다. 밤에 좀 더 늦게 깨어 있을 수 있었고 텔레비전 보는 시간을 좀 더 얻을 수 있었다.

토미의 집에서는 엄마가 어느 날 저녁에 이웃집에 간다고 했을 때 전혀 다른 일이 벌어졌다. 토미는 즉각 신경질적이 되면서 못 가게 막았다. 엄마 베일리는 깜짝 놀라서 이웃에게 전화를 하고는 가지 않겠다고 토미를 안심시켰다. 그 후 토미의 아홉 번째 생일이 다가오는 6개월 동안 어머니는 몇 번 외출하려고 했지만 그때마다 똑같은 일이 벌어졌다. 토미는 마구 날뛰었고 어머니는 포기했다. 베일리 부인은 아들과 맞설 마음이 없었다. 토미는 힘들어하는 자신을 곁에서 지켜보지 않고 단지 집에 머물러 있기만 하는 어머니에게 몹시 화가 났다. 어머니는 아들이 자기가 집에 있기를 진정으로 원한다고 스스로에게 말했다. 어머니가 저녁에 누군가를 초대하면 토미도 내려와서 함께 있다가 손님이 갈 때까지 자러 들어가지 않았다. 그는 남자 손님에게 특히 무례하게 대했다. 어머니는 자기가 새 친구를 사귀거나 개인적인 사회 생활을 하는 것은 절대 안될 것이라고 생각했다. 어머니가 몹시 화를 낸 어느 날, 토미는 부엌 서랍에서 칼을 가지고 나왔다. 어머니는 아들이 자기에게 상처를 입히거나 자해를 하지는 않을 것이라 믿었지만 그 사건은 자신감을 잃게 했다. 그들은 교회에 다니고 있었으므로 어머니는 목사님과 토미가 이야기를 나누게 해보려고 했다. 이 일이 잘 이루어지지 않자 이번에는 가족주치의에게 데려가려고 했다. 토미는 심한 소란을 피우고는 건물에서 달아나버렸다. 이후로 다시는 토미를 데리고 가지 않았다. 그러나 그녀는 상담을 받으러 다니기 시작했고, 상담자와 이야기하면서 토미의 행동 이면에 무엇이 있을 수 있는지 이해하게 되었다.

토미의 아버지는 토미가 겨우 10개월 되었을 때 자취를 감추었다. 어머니는 버림받은 데 대해 충격을 받았고 몹시 분노했다. 그녀는 남편이 어디 있는지 몰랐으나 토지분쟁에 휘말렸다는 이야기를 들었다. 몇 달간 그녀는 누군가가 자기들을 찾아올까봐 두려워 아기와 함께 아파트에 숨어 지냈다. 토미와 잠자리에 들 때면 가구를 밀어서 문을 막아 놓곤 했다. 그녀는 잠든 토미의 곁에 웅크리고 누워서 밤새 소음에 시달리며 새우 잠을 잤다. 시간이 지나면서 자신감을 되찾았고 남편을 절대 받아들이지 않았던 부모님과도 화해하게 되었다. 카운슬러는 토미가 복잡한 감정 때문에 괴로워할 수 있다고 했다. 수 년 동안 어머니를 독차지해온 9세 소년으로서 어머니가 새로운 사회 생활을 하려는 것을 보자 질투심에 사로잡힌 것이다. 밤에 이러한 느낌이 엄습해오면 그들은 이전의 충격과 공포 경험, 긴박하고 겁에 질린 어머니와 갇혀 있던 경험으로 인해 몹시 고통스러워했던 것이다. 그 공포는 엄청난 것이었고 어머니도 아이도 견딜 수 없는 것이었다.

이 경우는 쉽지 않은 문제였다. 베일리 부인은 조언을 구하고 전략을 세우고 충실히 실행해서 상황을 이겨야 한다는 것을 깨달았다. 그녀는 토미도 근원적인 문제 — 아버지와의 관계에서 오는 해결되지 않은 상실감, 어머니를 잃는 두려움, 어머니의 마음에 다른 사람이 생기면 어머니가 자신을 사랑하지 않을 것이라는 의심 —

를 해결하기 위한 도움이 필요하다는 것을 알고 있었다. 처음 몇 회기 동안은 토미의 생활에 대한 이야기와 직접적으로 느끼는 이별 문제에 집중하면서 어머니와 아들이 함께 상담을 받은 후, 토미는 개인심리치료를 받게 되었다. 그는 처음에는 치료사를 꺼렸으나 나중에는 상담에 관심을 가지게 되었다.

가족 형태

오늘날은 어느 사회에서나 가족의 형태가 매우 다양하다. 만 8~9세 된 아동이 있는 경우 양친과 함께 사는 경우도 있고 한부모와 살거나 부모가 없는 경우도 있다. 한부모 가정일 경우에는 같이 살지 않는 다른 한부모를 정기적으로 만나는 경우도 있고, 누구인지조차 모르는 경우도 있다. 어떤 아이들은 위탁부모와 살면서 지역 기관의 보호를 받기도 한다. 입양된 아이도 있고 조부모나 이모(고모), 혹은 삼촌과 함께 살기도 한다. 동성애자 부모와 사는 경우도 있고 동성애자인 위탁부모나 입양인과 살기도 한다. 양쪽 부모와 함께 사는 경우만 '정상적'인 가족 형태라고 말하는 것은 더 이상 옳지 않고 받아들여지지도 않는다. 아동의 건강과 안전한 발달을 위해 무엇이 바람직한가에 대한 논쟁은 계속되고 있다. 그러나 매우 다양한 유형의 가족이 이제 '보통'으로 여겨진다는 사실은 아동들이 어리석은 편견에 노출되어 있지는 않다는 것을 의미한다. 이제는 아동들이 친구에게 자기 부모가 헤어졌다거나 아버지를 더 이상 만나지 않는다는 것, 혹은 어머니에게 새 파트너가 생겼다는 사실을 말하기가 그다지 힘들지 않다.

이러한 현상은 오늘날 가족의 모습이며 이러한 차이가 아동의 사생활과 내면세계에 미치는 영향을 과소평가해서는 안 된다. 친구에게 아버지를 기억하지 못하거나 상관하지 않는다고 말하는 것은 상대적으로 쉬울 수 있지만 더 깊은 수준에 미치는 영향은 훨씬 더 심각할 수 있다.

데니스는 엄마와 동생 3명과 함께 마을 모퉁이에 있는 몹시 낡은 집에서 살았다. 아버지는 데니스가 6세였고, 바로 아래 남동생이 4세였을 때 집을 나갔다. 2년 후에 쌍둥이가 태어났지만 아버지는 가족과 함께 살지 않았다. 데니스는 아버지를 좋아하지 않았고 그가 쌍둥이에게 주는 관심에 질투가 났기 때문에 아버지와 같이 살지 않는 것을 오히려 좋아했다. 데니스는 네 자식을 돌보는 어머니를 자랑스럽게 여겼고 자기 집을 정말 좋아했다. 특히 자기 방은 아홉 살 생일이 되기 직전에 장식을 새로 해서 더 좋았다. 남동생들은 방을 함께 쓰기 때문에 약간 불공평하다고 느끼고 있었지만 어머니는 누나가 곧 만 10세가 되고 중학교에도 가야 하니 어느 정도 사생활을 보호해주어야 한다고 말했다. 어머니는 딸이 자기 방에서 아버지의 사진을 보며 아버지가 돌아오면 어떤 생활을 하게 될까 상상하며 얼마나 많은 시간을 보내는지 몰랐다. 데니스는 아버지를 몹시 보고 싶었고 소식이라도 알고 싶었다. 7세 생일 이후 아버지에 관해 아무것도 듣지 못했다. 데니스는 아버지가 어디에 계시며 왜 소식을 전하지 않는지에 대해 온갖 상상을 했다.

생일이 지난 후 데니스는 아버지에게 편지를 쓰기로 했다. 아버지의 주소를 몰랐지만 할머니가 전해주실 것이라 생각했다. 조부모님이 사는 곳은 알고 있었다. 그러나 그분들은 쌍둥이가 태어난 이후로 데니스나 동생을 보려고 하지 않았다. 데니스는 편지에다 아버지가 그립고 만나고 싶으며 만약 집에 오고 싶지 않으면 다른 곳에서라도 만나고 싶다고 썼다. 데니스는 답장을 받고 뛸 듯이 기뻤다. 아버지는 자기도 딸을 보고 싶으며 다음 토요일에 그녀와 동생을 만나러 오겠다고 했다. 데니스는 어머니에게 말하는 것을 주저했으나 어머니가 데니스의 마음을 이해한다고 말하며 잘 받아주는 것 같아 안심했다.

데니스는 학교에서 만나는 사람마다 아버지가 주말에 자기를 보러 오신다고 말했다. 금요일에는 너무 흥분되어 잠을 거의 자지 못했다. 아버지가 도착했을 때, 데니스는 빛나는 눈으로 아버지를 보며 외투를 집어 들고는 동생에게 서두르라고 소리쳤다. 그녀와 동생이 기대감에 차서 펄쩍펄쩍 뛰고 있는 동안 아버지와 어머니 사이에 흘렀던 긴장에 대해서는 무시하려고 했다. 몇 시간 후에 남매가 돌아왔을 때 어머니가 문을 열어주었다. 어머니가 "어땠니?"하고 묻자 데니스는 어깨를 으쓱하며 "괜찮았어요."

하고 대답했다. 어머니가 여러 가지를 물어보았으나 데니스는 아무 말도 하지 않았다.

위의 이야기는 만 9세 된 소녀가 같이 살지 않는 냉담한 부모에 대해 가진 복잡한 감정을 처리하는 전형적인 모습을 보여준다. 데니스는 어린 시절에 아버지와의 관계에서 가졌던 이상적인 기억들을 간직하고 있다가 사춘기가 다가오면서 아버지를 만나 그 관계를 회복하려고 희망하는 것이다. 그러나 아버지와의 실제 만남은 그녀의 환상에 부응하지 못했고 결국 실망하여 돌아온 것으로 보인다.

기관 보호를 받는 아동

위탁 보호를 받는 아동의 경험은 훨씬 더 복잡하며 깊은 상실감과 불안전감으로 인해 변덕스럽거나 대항하는 행동이 매우 자주 나타난다. 가족으로부터 학대나 방임을 당하고 지역 위탁기관을 전전한 아동들은 어른을 거의 신뢰하지 못하고 이 책에서 말하는 '잠복기' 발달 단계와 같은 편안함을 경험하기 힘들다. 매우 숙련된 위탁보호자도 고집 세고 냉소적인 만 9세 남자아동이 하는 행동에 충격을 받을 수 있으며 만 8세 소녀가 나이보다 지나치게 세상물정에 밝은 것을 보고 몹시 당황하기도 한다. 아동이 성적 학대를 받은 경우, 그 아동은 성인의 삶에 대해 왜곡된 생각을 가질 수 있으며, 가족과 학교에서 맺는 관계의 경계를 이해하는 데 도움이 필요할 것이다. 부모들은 이런 배경을 가진 아동이 자기 아들이나 딸의 친구가 될 때 위험하지 않은지 걱정할 수도 있다. 부모가 자녀의 분별력에 자신이 있다면 모든 아동의 마음의 평화와 보호를 위해서 감독수준만 높여주면 될 것이다. 위탁 부모나 사회복지사와 자주 연락하는 것도 중요하다. 삶이 붕괴된 아동에게는 주위에서 모든 것을 세심하게 바로잡아줄 어른이 절대적으로 필요하다. 그들은 세상을 이해하는 일반적 참조기준으로서의 부모를 경험하지 못했다. 그들에게는 할 수 있는 것과 할 수 없는 것에 관한 일상적인 해답을 얻기 위해 찾아갈 부모가 없다. 위탁 부모가 지역기관에서 모든 것을 확인해야 한다. 법원 명령의 성격에 따라 외출이나 외박 허가는 친부모의 요구가 있을 때만 가능할 수도 있다. 친구 부모의 요구는 상세한 심사를 거쳐야만 허락이 가능하다. '감독'을 받는 아동은 냉소적이 되기 쉽다. 관리 체계 때문에 실망할 것을 예상하기 때문이다. 물론 체계가 잘 작동하면 이런 아동의 삶의 복잡성을 잘 이해하는 좋은 위탁 가정과 학교에서 아동은 제대로 성장할 수 있다.

부모 외의 역할 모델

이미 언급한 바와 같이, 잠복기 아동은 부모에 대한 의존이 줄어들고 성인세계에서 다른 역할 모델을 찾기 시작한다. 이러한 현상은 아마도 전 단계에서 선생님과 맺은 관계로부터 시작되었을 것이다. 그러나 선호하는 어른의 범위가 이제 축구 감독, 피아노 선생님, 친한 친구의 어머니 등으로 확대된다. 부모는 만 9세 된 자녀가 친구 집에 가는 것을 너무 좋아해서 가끔 속이 상할 수 있다. 그러나 이 시기는 집으로부터 천천히, 지속적으로 분리되는 것이 필요한 단계라는 사실과, 이러한 분리는 아동이 자기들에게는 돌아갈 집이 있다는 것을 알고 안전하게 느낄 때만 가능하다는 사실을 기억해야 한다. 자기 집에서 결핍과 방임, 학대를 받아온 아동은 자기보다 행복한 친구의 집을 동경하게 되고 이로 인해 원하는 것을 얻을 수도 있다. 그러나 이는 또한 '위탁'받는 데 대한 환상을 가졌던 아동들과, 도움이 필요한 아동에 대한 책임감을 느끼고 집으로 받아들였던 어른들에게 복잡한 상황을 만들어낼 수도 있다. 어떤 부모는 너무나 쉽게 '구원자'의 역할을 시작했으나 곧 힘에 겨워지기도 한다. 이런 경우에는 위탁받은 아동을 위해 해줄 수 있는 것과 해줄 수 없는 것을 분별할 수 있도록 할머니나 선생님, 혹은 사회복지사의 도움이 필요하다.

심지어 정말 좋은 환경에서도 만 8~9세 된 아동들은 부모 외의 역할모델을 찾고 있다. 이런 경우에는 어른의 욕구를 충족시키는 일에 쉽게 넘어가는 취약점이 있다. 이런 점은 순수한 동기에서보다는 아동을 착취하려는 성인들에게 이 연령대의 아동이 표적이 되는 이유 중 하나일 것이다. '낯선 사람은 위험하다'는 것이 오늘날 사회에서는 너무 공공연한 일이어서 아동들은 낯선 사람의 관심에 대해 매우 경계하고 의심하게 된다. 그런데도 아동들이 이상성욕자의 전략에 희생되는 것은 놀라운 일이라 할 수 있다. 이는 아동이 자기가 누군가에게 관심을 받는 가치 있는 사람이며, 상황에 스스로 대처해낼 수 있는 사람으로 여기려는 욕구를 가진 존재이기 때문이라고 설명될 수 있다. 다음의 예는 직무연구 세미나에서 한 교사가 이야기한 내용이다.

> 엘렌과 폴라가 내게 와서 자기들은 매주 화요일 방과 후에 그랜트씨를 방문해야 하기 때문에 네트볼 연습에 참석할 수 없다고 말했습니다. 내가 그랜트씨가 누군지 물어보자 펨브로크가에 있는 지하 아파트에 사는 사람이라고 했습니다. 그 사람을 어떻게 아느냐고 물었더니 몇 달 전에 길에서 그 사람이 자기들을 불러서 쓰레기통을 입구로 옮기도록 도와달라고 했답니다. 그는 고맙다고 하면서 아이들에게 사탕을 주었고 이제는 매주 화요일마다 아이들이 가면 사탕을 준다고 합니다. 나는 혹시나 해서 아이들에게 부모님이 그랜트씨를 아시느냐고 물었더니 둘 다 고개를 저었습니다. 엘렌은 그 사람이 좀 더러운 편이고 사람들이 지하에 쓰레기를 던지면 욕설을 하기도 하기 때문에 부모님이 좋아하지 않으실 거라고 말했습니다. 나는 속단하지 않으려고 애쓰면서 침착한 목소리로 아이들에게 그 사람을 방문하는 것이 좋은지 물어보았습니다. 둘은 서로 마주 보더니 폴라가 "별로요."라고 대답했습니다. 그러나 자기들이 가지 않으면 그 사람이 매우 슬퍼

할 것이기 때문에 계속 가야한다고 했습니다. 그는 아주 외로운 사람이라는 것입니다. 내가 다시 부모님께 말씀은 드렸느냐고 묻자 아이들은 조용히 고개를 저었습니다. 그리고 엘렌은 그 사람이 자기에게 돈을 주려고 했을 때 싫었다고 말했고, 폴라가 재빨리 "그는 외로워요, 그것 뿐이에요."라고 했습니다.

교사는 이 일을 그냥 넘겨서는 안 된다는 것을 알았다. 그녀는 과잉 반응하지 않으려고 했지만 걱정이 되었고 특히 돈을 건넸다는 이야기가 나왔을 때는 더욱 문제라고 여겼다. 한편으로 생각하면, 이 지역에는 외로운 노인들이 많으며 이 아동들은 어리석은 짓을 하지 않는 똑똑한 아동들이기도 했다. (아동들에게 선생님이 부모님께 이 사실을 알릴 것이라고 말했지만) 부모님과 연락을 하면서도 그녀의 마음은 왔다 갔다 했다. 두 아동의 부모가 어떻게 반응할지 몰랐다. 부모들이 이 일을 위험하기는 해도 대처 가능한 일로 볼 것인가 아니면 그 사람을 '아동 이상성욕자'라고 펄쩍 뛰며 아동들이 그 거리로 가는 것을 금지할 것인가? 혹은 아동들을 따라가볼 것인가? 교사가 보기에 분명한 것은 이 소녀들은 자기 발달 단계에 꼭 맞는 방식으로 반응하고 있다는 것이다. 아동들은 변화를 일으키고 싶고, 일으킬 수 있다고 믿으며, 그에 내포된 위험에 대한 인식은 부족했다.

제2장

놀이

understanding

놀이는 만 8~9세 된 아동의 삶에도 계속 중요한 영역이다.

> 모든 불안과 갈등이 놀이 속에서 해결된다. 오이디푸스적 관심과 분리, 상실, 형제간(친형제 혹은 상상 속의 형제) 대결에 대한 생각들이 놀이 과정에서 실행되고 위협적이지 않은 수준으로 표현된다. 아동은 어머니, 아버지, 아기, 경찰, 의사, 영웅 등 매우 많은 역할을 하며 온갖 종류의 정체감을 실험한다. 대부분의 아동들은 자기들이 놀이를 하고 있다는 사실을 잘 인식하고 역할 놀이에 대한 정서적 몰입을 조절할 수 있다. 그러나 감정이 너무 격하거나 압도될 때에는 놀이에서 벗어나서 부모나 교사의 모습에서 나타나는 실제 현실과 비교해볼 필요가 있다. 이런 면에서 놀이는 자라나는 아동의 의식적 · 무의식적 경험 영역 간, 내적 · 외적 세계 간의 다리 역할을 한다(Youell, 2006, p. 46).

잠복기에는 아동이 노는 방식에 많은 변화가 생긴다. 절대적 공평성에 대해 눈을 뜨고 열광하는 시기이므로 만 8~9세 아동들은 분명한 규칙이 있는 게임에 끌리는 경향이 있다. 공격적인 충동으로 인해 상대방을 누르고 이길 수 있는 경쟁적 스포츠와 보드게임을 선호하게 된다. 그러나 게임운을 항상 잘 받아들이는 것은 아니다. 주사위를 던져 자기에게 불리하게 나오면 '불공평'하다고 느낀다. 경쟁게임을 하면 희망과 승리뿐 아니라 실망과 실패감 다루기 훈련에 도움이 된다.

만 8~9세 아동은 변장을 하고 역할 놀이하는 것을 여전히 좋아하지만 이제는 미리 구상하고 대본을 연습하는 연극의 형태를 띠기 시작한다. 이 시기의 아동은 복장에 세밀하게 신경을 쓰는 경향이 있다. 특히 여자아동은 머리모양이나 화장, 매니큐어(표지를 보라) 등을 따라 하는 데 몰두하게 된다. 또한 다양한 만들기 활동을 즐긴다. 특히 반짝이는 재료와 자르고 붙이는 활동이 많은 것을 좋아한다. 반짝이는 장식과 세퀸(의복장식으로 다는 원형의 금속편)은 만 8세 소녀라면 거의 모두 아주 좋아한다. BBC의 〈푸른 피터Blue Peter〉라는 아동 텔레비전 프로그램이 그렇게 오래 방영되는 데는 이유가 있다. 다른 아동 프로그램과 마찬가지로 점점 더 어린 아동이 출연하고 유행을 따르고 더 신나게 움직이지만 기본 형태는 그대로 남아 있다. 그러나 〈푸른 피터〉는 자연세계, 선한 의도, 개인의 성취, 고도의 모험에 관한 내용과 누구나 집에서 최소의 장비와 재료로 만들 수 있는 모형과 진귀한 물건에 초점을 맞추는 등 잠복기의 핵심을 지속적으로 반영하고 있다.

놀이와 학습

만 9세가 되면 놀이와 일의 구분이 확실해진다. 학교에서 놀이란 이제 운동장에서 노는 것, 혹은 열심히 공부하거나 착한 행동을 해서 얻게 되는 '귀중한 시간'인 자유 시간으로 한정된다. 물론 그들이 시간을 구분하는 선은 명확하지 않기 때문에 학습 활동도 '놀이'처럼 접근하여 의도하지 않고 그 선을 자주 넘나들게 된다. 이러한 놀이식 접근은 학습에 도움이 될 수도 있고 그렇지 않을 수도 있다. 다음 예를 보면 놀이식 수업이 9세 아동들의 수학 공부에는 매우 긍정적인 요소였던 것을 알 수 있다.

> 아이들은 교실 바닥에 앉아 교사가 어제 배운 것을 확인하고 오늘 할 과제를 설명하는 것을 들었다. 아이들은 짝을 지어 자기들끼리 간단한 조사를 하고 그 결과를 막대그래프로 그리게 되었다. 교사는 아이들에게 반 친구들에게 무슨 질문을 할 것인지에 대해 힌트를 약간 주었다. 친구들에게 가장 좋아하는 음식, 색깔, 과목, 애완동물, 스포츠팀 등에 대해 물어보라는 것이다. 교사가 이야기를 하고 있는 동안 아이들의 경쟁적이고 흥분된 소리가 점점 커졌다. 대부분 교실을 돌아보면서 자기들이 좋아하는 짝을 찾느라 시끄럽게 웅성댔다. 여러 아이들은 일어나서 의자를 옮기고 짝을 차지하기 시작했다. 교사는 아이들을 다시 불러 자기들이 할 일을 알고 있는지 확인해야 했고, 누가 누구와 같이 작업할

것인지를 정하느라 일어나는 말다툼을 조정해야 했다. 예상대로 남자아이들은 대부분 영국축구팀에 대해 질문하고 싶어 했고 여자아이들은 제일 좋아하는 애완동물에 대해 물어보고 싶어 했다. 교실은 아이들이 도표를 그리고 서로 질문하기 시작하면서 벌집을 쑤셔놓은 듯했다. 아이들은 마치 경기를 하듯이 교실을 뛰어다니고 가구를 넘어뜨리고 친구들과 부딪혀 넘어졌다. 남자아이들은 자기들이 제일 좋아하는 팀이 가장 많은 표를 얻도록 하기 위해 애쓰는 모습이 역력히 드러났다. 교사가 어느 팀(웨스트햄)을 대답하려는지 알게 되자 그들은 교사에게 질문을 하지 않거나 계속해서 질문을 해댔다. 아이들은 '첼시'를 말하도록 유도하기도 하고, 작고 수줍음 많은 (영어를 잘 못하는) 새 친구에게 '맨체스터유나이티드'를 발음하도록 무릎을 꿇고 빌기도 했다. 여자아이들은 동물에 대해 거의 모두 열광적이었다. 한 팀은 누군가가 '강아지'라고 말할 때마다 환호성을 지르고 다른 팀은 모든 아이들에게 '토끼'를 말하게 하려고 애를 썼다.

교사는 아이들에게 소리를 줄이라고 말했지만 시간은 충분히 주기로 했다. 아이들이 과제에 그토록 열정을 보이는 것은 매우 드문 일이기 때문이었다. 예상대로 결과표는 부정확했고 아이들도 그 결과에 대해 전혀 동의하지 않았다. 하지만 그 수업은 재미있었고 아이들은 도표와 막대그래프의 기본 원리를 익혔다. 교사는 내일 그 주제를 한 번 더 다룰 것이라고 말하면서 정확하게 나타낼 필요성을 강조했다.

그런데 파트너와 함께 작업을 하지 않은 소년 루벤을 지켜볼 필요가 있다. 교사는 그에게 아무 팀에나 들어가서 3명이서 같이 활동하라고 했지만 그는 몇 번 거절당하자 포기하고 혼자서 작업을 했다. 루벤은 그래프를 신속하게 효율적으로 완성해서 선생님께 보여드렸고, 선생님은 잘했다고 하면서 학급 아이들에게 보여주며 칭찬하고 상으로 자유 시간을 주었다. 그는 좋아하며 주먹을 불끈 쥐고 휘둘러보았으나 그 다음에는 혼자서 무엇을 해야 할지 몰랐다. 그는 책꽂이가 있는 쪽으로 가서는 콩주머니 위에 털썩 주저앉아 뒤에 있는 칠판에 붙은 모양자석을 만지작거리며 다른 아이들을 바라보고 있었다. 그는 다른 아이들이 킥킥거리며 작업하는 모습을 부러운 듯 쳐다보았다.

아동은 둘씩 짝을 짓거나 3명이서 팀을 만들 때, 또 게임을 하기 위해 팀을 나눌 때 매우 냉정해질 수 있다. 교사가 아동에게 짝을 지으라고 말하자마자 분위기는 불안과 경쟁에 휩싸였다. 아동들은 혼자 남는 것을 매우 싫어한다. 자세히 살펴보면 아동들은 자기 자리를 지키고 다른 아동을 쫓아내기 위해 심술궂은 방법을 사용할 줄 안다는 것이 드러난다. 위의 예에서 루벤은 여러 번 거절당했다. 한 팀은 그를 조용히 밀어냈다. 다른 팀은 “xxx, 꺼져.”라고 속삭였다. 세 번째 팀은 그의 허리를 밀치며 밀어내었다. 마지막 팀은 교사에게 다가와서 “선생님, 우리는 쟤와 같이 하기 싫어요. 왜 꼭 우리가 같이 해야 돼요?” 거절당하는 일이 처음이 아니란 것이 확실했다. 관찰자는 나중에 루벤이 매우 똑똑한 아이여서 집단 활동을 하면 혼자서 다해내는 경향이 있다는 것을 알게 되었다.

학교 운동장

쉬는 시간은 학교 일과에서 매우 중요한 부분이다. 만 8~9세 아동은 교실에서 벗어나서 휴식이 필요하며 잠깐 동안이라도 신선한 공기를 마시는 것이 좋다. 그러나 학교 운동장이란 곳은 더욱 복잡한 무언가가 존재하는 장소이다. 운동장은 아동이 자기 자신에 관해, 친구와 우정에 관해, 소속과 소외에 관해, 자신의 장점과 약점에 관해, 그리고 나이, 성별, 기술이나 순수한 체력에 따라 생기는 위계체계에 관해 알게 되는 사회적 세계이다. 어떤 아동에게 운동장이란 어떻게든 피하고 싶은 끔찍한 장소이다. 이런 아동은 점심시간에도 언제나 선생님을 도와드리겠다고 하거나 쉬는 시간이 다가오면 비가 오기를 바라며 하늘을 쳐다본다. 운동장은 많은 아동들, 특히 집단에 소속되는 데 관심을 갖기 시작하고 특별한 친구나 단짝을 가지려는 이 연령대의 아동들에게는 자기들의 사회적 관계를 시험해보는 장소이다. 물론 적절한 감독이 이루어지지 않으면 위험한 장소가 될 수도 있다.

운동장에서 놀고 있는 만 8~9세 아동은 여러 가지 활동을 하고 있다. 운동을 좋아하는 남자아동들은 축구를 할 수도 있다. 가끔씩

상급생 팀의 숫자가 모자라거나, 어려도 특별히 축구를 잘 하면 큰 아이들과 게임을 하는 경우도 있다. 아동이 학교에 공을 가지고 오면 강제로 싼 가격에 팔게 되거나 공공연한 괴롭힘의 대상이 되기도 하기 때문에 학생들에게 공을 가지고 오지 못하게 하는 학교가 많다.

운동장에는 또 다른 전통적인 게임도 있다. 이 시기의 여자아동들에게는 돌차기와 줄넘기게임이 특히 인기가 있다. 그러나 또한 벤치에 모여 앉거나 벽에 기대어서 이야기를 하거나 자리다툼을 하는 아동도 있을 것이다. 어떤 여자아동들은 둘이서 팔짱을 끼고 자기들을 방해하는 사람들을 피해서 주변을 돌아다니기도 한다. 만 8~9세 아동의 교사들은 이 연령의 아동들은 집단에 속하고 싶어 하지만 그것을 오래 지속하지는 못하는 재미있는 집단이라고 말한다. 또 비록 단짝 친구가 수시로 바뀌기는 하지만 아직은 대부분 단짝 친구가 있다는 사실에 안전감을 느끼는 단계라는 것이다. 이 시기의 아동은 너무 심한 갈등은 잘 처리하지 못한다.

가정에서의 놀이

이 연령대의 아동은 학교 밖에서도 어느 정도의 일과 책임을 가지고 있지만 대체로 저녁이나 주말, 그리고 공휴일에 하는 활동 중에 많은 부분이 놀이라고 볼 수 있다. 놀이에는 온갖 종류가 포함될 수 있다. 조직적인 운동, 자전거나 스쿠터 타기, 블록 장난감, 보드게임, 인형이나 모형자동차 가지고 놀기, 컴퓨터게임, 그 밖에 수많은 것들이 놀이에 속한다. 혼자 할 수 있는 놀이도 있고, 부모, 형제, 친구 등 함께할 사람이 필요한 놀이도 있다. 현대에는 많은 가족들이 '자유' 시간 대부분을 텔레비전 보는 데 보내고 있으며 이것이 아동의 발달에 얼마나 피해를 주는지(혹은 주지 않는지)에 대한 논쟁이 치열하다. 가족마다 즐기는 활동이 달랐고, 부모가 자녀들과 훨씬 더 많이 놀아줄 수 있었다고 하는 텔레비전이 없던 시대를 일반화하고 이상화하기는 쉬울 것이다. 그러나 우리가 얼마나 많은 것을 잃었는지 확인할 수 없으며, 텔레비전과 그 밖에 다른 기술이 주는 것이 그로 인한 문제점보다 더 가치 있는 것인지도 모른다. 하지만 놀지 못하는 아동 즉, 다른 아동들과 함께 게임을 즐기지도 못하고 혼자서도 의미 있는 시간을 보내지 못하는 아동이 학습이나 사회적 관계 면에서 확실히 불리하다는 것은 분명해지고 있다.

혼자 놀기

만 8~9세 된 아동 중에는 다른 아동과 절대 함께 놀려고 하지 않고 어른들의 관심이나 인정을 바라는 것 같지도 않은 아동이 있다. 이런 아동은 자기들이 해낸 것을 칭찬하고 격려하면서 잘 놀아주고 배려하는 어른과 함께 지내는 기회를 가지지 못한 아동으로 생각하는 것이 정확하지만 때로는 '독립적'이거나 '자족하는' 아동으로 잘못 생각될 수 있다. 혼자 노는 것은 스스로를 지탱하고 불안을 이기고 외로움을 극복하는 필사적인 시도일 수 있다. 만약 그것이 매우 굳어진 경향이라면 그 아동은 자족하는 힘이 있다는 환상을 가지고 있거나 실제로 다른 사람과 함께하기를 원하지 않는 것이다. 혼자 노는 아동을 관찰해보면 그 아동이 강렬한 상상 속의 세계에 빠져 있다는 것을 발견할 수도 있다. 그러나 자세히 관찰해보면 자기만의 세계에서 살고 있는 듯이 보이는 아동들은 오히려 건조하고 활기 없는 삶을 살고 있다는 것을 매우 자주 발견하게 된다.

제한된 놀이

모방은 놀이의 중요한 요소이지만 아동의 놀이가 순전히 모방뿐이라면 문제가 된다. 역할 놀이(흉내 내기 놀이)를 자세히 관찰해보면 어떤 아동은 여러 인물의 역할을 시도하고 마음속으로 이야기를 전개해본다. 그러나 이야기도 만들지 않고 재미도 없이 단순히 일정한 순서를 반복하는 아동도 있다. 예를 들어 인형집에 있는 가구와 인형을 똑바로 정리하지만 그 집이나 그 집에 사는 사람들에 대한 이야기는 만들어내지 못하는 것이다. 이런 아동은 그림을 그릴 때도 자유롭게 그리기보다는 따라 그리는 것을 더 좋아하고 창작글쓰기를 어려워한다.

놀이의 대부분이 모방에 그치는 아동 중에는 가상의 상징적인 놀이를 잘 못하는 아동도 있다. 왜냐하면 상상과 현실을 분별하는 능력에 실제적인 (혹은 부분적인) 문제가 있기 때문이다. 그런 아동은 어디까지가 진짜이고 어디까지가 상상인지 그 차이를 똑바로 구별할 수 없다. 외상이 있는 아동은 이런 종류의 혼란을 겪는 경우가 빈번하다.

> 한 초등학교 교실에서 일어난 일이다. 그 교실의 보조교사는 수업 시간에 함께 만든 화산 모형이 실제로 폭발하지는 않는다고 이크발을 안심시켜야 했다. 그가 모형 앞에서 몸이 굳어버려서 교사가 왜 그러냐고 하자 금방 질식할 것 같은 목소리로 용암이 자기 집까지 흘러가느냐고 물었다. 이크발은 방글라데시에서 홍수로 인해 집을 잃고 부모와 함께 영국으로 온 아이였다(Youell, 2006, p. 44).

외상을 겪은 아동은 지나치게 각성되어 있고 경계하는 경향이 있다. 그들은 언제나 무의식적으로 다음 공격이 오는지를 살피기도 하고, 비행기가 지나가는 소리, 학교 밖 거리에서 시멘트를 섞는 기계소리, 멀리서 울리는 사이렌소리 등 대부분의 아동들이 그냥 지나칠만한 소음에도 신경질적으로 반응할 수 있다.

이렇게 상상과 현실(진짜와 가짜)의 경계가 분명하지 않은 아동은 놀이 친구가 되기 어렵다. 그들은 난폭한 게임을 할 때 처음에는 재미

있게 시작할 수 있지만 어쩌다 공격을 받으면 상대편에게 폭력적이고 심하게 반응할 것이다. 경쟁을 너무 심각하게 현실처럼 받아들이는 아동이 있기 때문에 모든 경쟁적인 게임은 이런 문제를 일으킬 수 있다. 예를 들어 만 9세 아동이 가짜 돈을 사용하여 (일반 보드게임이든 전자게임 형식이든) 모노폴리게임을 시작한다고 가정하자. 그러나 게임이 진행되면서 부와 권력을 극단적으로 동일시하거나 가난과 실패를 지나치게 두려워하게 되어 게임이 마음속에서 현실이 되는 것이다. 이는 일반적인 경쟁심과는 다른 것이다. 일반적인 경쟁심은 누구나 어느 정도 가질 수 있으며 경쟁에서 이기고 지는 것을 배우는 데 중요한 역할을 한다.

외상 경험을 가진 아이들은 가끔 그 외상이 다시 일어날 것 같은 느낌에 사로잡혀서 처음에는 놀이로 시작한 행동이 나중에는 현실적인 것으로 바뀌고 만다. 가정에서 폭력을 당해 집에서 격리되어 위탁 가정에서 살고 있는 한 소년의 예를 보자. 그는 장난으로 곰인형을 한 대 때리더니 점점 세게 미친 듯이 치다가 바닥에 내동댕이쳤다. 성적 학대를 받았거나 부적절한 성행동에 노출된 아동들은 안아주거나 머리를 쓰다듬는 등의 가벼운 신체적인 애정 표현을 성적인 접촉으로 혼동하기도 하며, 다른 사람과 신체적 접촉이 있을 때는 성적 흥분에 휩싸이기도 한다.

이런 경우, 어른들은 어떤 일이 일어나고 있는지를 인식할 수 있어야 하고 필요하면 조치를 취해야 한다. 이러한 아동들이 애니메이션 컴퓨터게임을 할 때는 특히 주의를 기울여야 한다. 폭력적 게임이 폭력적인 아동을 만드느냐 아니냐에 대한 논쟁은 핵심을 놓치는 경우가 많다. 그 논쟁은 대체로 게임의 특성에 관해 말할 뿐, 게임을 하는 사람의 마음 상태는 고려하지 않는다. 무엇이 현실이고 무엇이 상상인지에 대한 분명한 인식을 가지고 있으며 게임을 할 때와 하지 않을 때를 구별하는 만 9세 아동이라면 게임의 폭력적 자극수준 때문에 나쁜 영향을 받지는 않을 것이다. 그들은 또한 언제 게임을 중단해야 하는지도 알고, 너무 무서워지지 않기 위해서 그것이 실제가 아니라는 것을 스스로 상기시킬 것이다. 안정적인 내면세계와 현실에 대한 분명한 인식이 없는 아동은 게임에 압도되어 과도하게 자극을 받게 되고 그 과도한 자극에 중독될 위험이 있다. 그러면 현실세계는 상대적으로 지루하고 싫어진다.

퍼즐과 실제

많은 아동이 실제와 허구를 혼돈하지 않으며 실제를 훨씬 더 선호한다. 이런 아동은 소설보다는 실화를 더 좋아하고 그림퍼즐이나 숫자퍼즐, 컴퓨터게임 같은 놀이를 좋아한다. 이 아이들은 명확한 것을 좋아하고 '정답'이 있다는 사실을 알면 안심이 된다. 또한 똑같은 절차를 계속 반복해서 언제나 같은 결과를 얻을 때 안심한다. 우리 문화는 이런 아동을 '바보'같거나 '약간 이상'하다고 혹평한다.

이런 아동은 학교 교육을 대체로 잘 소화하고 별로 문제를 일으키지 않는다. 그러나 또래들과 어울리기 싫어하고 가능한 독립적으로 공부하는 것을 좋아하기 때문에 교우관계에서 소외되기 쉽다. 다른 아동이나 집단과 함께 다양한 활동에 참여하도록 요구받을 때 심한 불안을 느낀다면 그 아동의 전반적인 건강에 대해 깊이 탐색해볼 필요가 있다. 정도에 따라 문제가 될 수 있기 때문이다.

필립은 힘없는 푸른 눈과 표정이 별로 없는 키가 크고 마른 소년이었다. 그는 수학에 뛰어나서 어려운 계산문제에 몰두하는 것을 매우 좋아했다. 수학 시간은 학교 생활 중 가장 좋아하는 시간이었고 언어 시간을 가장 싫어했다. 독서 시간이 되면 그는 기계, 자동차, 화산, 공룡 등에 대한 정보가 가득한 책을 읽었다. 교사는 그에게 이야기책에도 관심을 갖도록 해보았으나 내용을 잘 이해하지 못했다. 그의 작문은 언제나 정보로 가득했고 상상적인 내용은 조금뿐이었다.

필립은 '사소한 데 목숨 거는 놈'이라고 불려도 신경 쓰지 않는다. 누군가가 운동장에서 '아노락(별난 일에 열심인 사람)'이라고 소리치면 조용히 돌아서서 "그래… 그래서?"라고 말한다. 그는 그런 일에 대해 신경 쓰지 않았고 부모님도 마찬가지였다. 그는 형제, 사촌들과 잘 지냈고, 학급 친구들도 그와 함께 공부하는 것을 싫어하지 않았다. 수학을 잘했기 때문에 소집단 학습에 도움이 되었다.

도널드의 상황은 좀 달랐다. 그도 역시 수학을 잘 했지만 뛰어난 정도는 아니었다. 그는 운송수단, 특히 기차와 버스에 완전히 몰입되어 있었다. 그는 마을에 다니는 버스의 노선을 거의 모두 외우고 있었고 주말이면 집 앞 길과 큰 도로 교차로에서 버스가 오고 가는 것을 기록하면서 시간을 보냈다. 도널드는 교실이나 집에서 대인관계가 좋지 못했다. 그는 혼자 앉기를 좋아했고 다른 아이와 함께 앉으라고 하면, 심지어 여동생 옆에 앉으라고 해도 땀을 흘리고 숨을 몰아쉬기 시작했다. 그는 명백한 사실에 근거하지 않은 활동에는 언제나 겁을 내었으며 불안해서 소리를 지르고 공격적으로 변하곤 했다.

집에 있을 때는 자기가 좋아하는 것을 하도록 혼자 내버려두는 한 아무 문제가 없다. 그러나 식사 시간에 가족과 함께 식사를 하거나 동네에서 열리는 행사에 함께 가자고 하면 싫어했다. 일상적인 생활에 변화가 오거나 정해진 일을 변경하면 도널드는 자제력을 잃고 말았다. 그는 무엇보다도 가족 휴가를 제일 싫어했다. 이 모든 일은 부모와 여동생을 매우 힘들게 했다. 식구들은 도널드가 자기 규칙대로만 살려고 해서 너무 힘들었다. 도널드는 아랑곳하지 않았다. 자기가 원하는 것이 우선일 뿐, 다른 사람의 감정에는 관심이 없었다.

도널드의 부모는 학교에 도움을 요청했고 학교에서는 그의 능력과 요구에 대한 전반적인 평가를 부모와 함께 해보기로 했다. 교육심리학자 한 사람이 학교에서 검사를 실시하였고 부모는 지역 병원에 있는 소아과 의사를 소개받았다. 몇 개월 후에 도널드는 아스퍼거 증후군이라는 진단을 받았다. 부모는 도널드가 받아들이지 않을 것으로 예상했으나 의외로 그렇지 않았다. 그가 학교에서 받은 모욕을 이겨내려면 진단명이 있는 것이 오히려 나은 것처럼 보였다. 부모는 이 병에 대해 공부를 하고, 특별한 필요를 가진 아들을 잘 돌볼 수 있도록 도움과 조언을 해주는 부모 집단에 가입했다. 그들은 이제 딸의 필요에도 관심을 가지기 시작했고, 각자 혹은 부부가 함께 스스로를 위한 시간도 가질 수 있게 되었다. 학교에서는 도널드가 불안을 느낄 때 돕기 위해 도구를 준비해놓았고 그가 싫어하는 과목은 개별지도를 받게 했다.

제3장

문학작품과 만 8~9세 아동

understanding

잠복기에 있는 아동들은 상상 속의 세계에 자주 빠져든다. 그들은 산타클로스나 요정이 실제로 존재하지 않는다는 사실을 알지만 여전히 상상 속의 세계에 관심이 매우 많다. 좋아하는 이야기에는 보통 비상한 힘을 가진 주인공이 나온다. 대체로 만화나 컴퓨터로 생성된 인물이다. 동물, 장난감, 로봇, 기계가 생각을 하고 말도 한다. 만약 아동이 이야기의 주제라면 그 아동은 온갖 도전과 모험을 겪는 모습으로 등장할 것이다. 일상적인 생활에 대한 이야기는 상대적으로 드물고, 인기 프로그램의 경우 부모 없이 살아가는 아동에 관한 이야기가 많다. 20세기 후반에 인기 있었던 이야기들을 되돌아보면, '유명한 5인'과 '비밀의 7인' 시리즈(Enid Blyton 저)에서 어린 아동들이 범죄 집단과 싸우고, 『제비호와 아마존호』(Arthur Ransome 저)에서는 한 집단의 아동들이 작은 배를 타고 자기들끼리 항해하면서 온갖 모험을 겪는 것을 볼 수 있다. 이러한 책들은 (만약 진짜 존재했었더라도) 지금은 사라진 세계를 배경으로 쓰였고, 건강과 안전을 매우 중요시하는 사회와는 어울리지 않는 세계를 무대로 하고 있다.

최근에 우리는 『나니아 연대기』(C.S. Lewis 저), 『반지의 제왕』(J.R.R.

Tolkien), 그 밖의 고전이 텔레비전과 영화를 통해 인기를 끄는 것을 보았다. 원문을 읽을 만큼 성숙하지 않거나 학교 외에서는 책을 접할 데가 없는 아동도 이야기와 등장인물을 알게 되었다. 책이든 영화든 이야기는 공통적인 주제를 가지고 있다. 거의 대부분 선악 간의 싸움이 주제이며 거의 모든 경우에 선이 승리한다. 중간에 끔찍한 일이 일어나기도 하지만 아동은 대부분 충격이나 긴장감을 즐기다가 이야기의 마지막에 모든 일이 잘 해결되면 안심하게 된다.

이 연령대의 아동이 슬픈 결말이나 '악'이 '선'을 이기는 이야기로부터 반드시 보호되어야 하느냐에 대해서는 의견이 분분하다. 많은 현대 동화작가들이 폭력이나 가족 해체, 입양 등 실생활 문제를 다루고 있으며 그런 이야기는 이 연령대의 아동에게 매우 인기를 얻고 있다. 실제로 그런 경험이 있는 아동뿐 아니라 그런 일을 직접 경험하지는 않았으나 동화를 통해 관심을 갖게 된 아동에게 인기가 있는 것이다. 예를 들어 재클린 윌슨Jacqueline Wilson 작품의 경우 일부 부모와 교사들은 매우 못마땅해하지만 많은 아동들이 그 책을 읽었으며 그들이 과도한 불안이나 고민에 빠졌다는 근거는 거의 없다.

이는 이 연령대뿐 아니라 모든 아동과 관계되는 중요한 문제를 제기한다. 이야기를 무난히 받아들이는 아동과 엄청난 혼란(불안)을 느끼는 아동 간에는 큰 차이가 있다. 이는 또래 아동들 간에 존재하는 정서 발달의 차이가 직접적 원인일 수도 있다. 일반 교실의 읽기 시간에 어떤 만 8세 아동은 글은 매우 적고 주로 그림으로 이야기를 전개하는 책을 보고 있을 것이다. 또 어떤 아동은 롤링 조앤 캐슬린

J. K. Rowling의 거대한 두께의 해리포터 시리즈 최근 편에 깊이 열중할 것이다. 그러나 때로 발달의 차이는 특이하고 심각한 형태로 나타난다. 어떤 아동은 사실과 허구의 차이에 대한 분명한 감각이 없어서 강력한 이야기나 영화, 텔레비전 프로그램을 보면 심각한 혼란에 빠질 수 있다. 이 문제는 앞서 놀이에 관한 장에서 심층적으로 살펴보았다.

아동의 이야기

아동이 쓰는 이야기는 대체로 자기들의 흥미와 걱정, 주관심사를 매우 잘 드러낸다. 다음 내용은 1999년 말에 영국 자선단체인 아동상담전화의 도움으로 출판된 책에서 발췌한 것이다. 주제는 밀레니엄(천 년)에 대해 '갑자기'라는 단어로 시작하여 99개 단어 이내로 이야기를 만드는 것이었다.

제인, 만 8과 3/4세

갑자기… 엄마가 내 방문을 밀치고 들어오셨다. "방이 또 엉망이잖아, 마지막 경고다, 제인!"하고 소리쳤다. 아래층으로 내려가면서 "아빠 오시면 보자."하고 중얼거리는 목소리가 들렸다. 나는 내 주위의 혼란은 무시하고 침대에 누워 이 새천년을 어떻게 축하할 것인가를 생각했다. 즉시 해답이 떠올랐다! 나는 깨끗이

닦고 밀고 모든 것을 정돈했다. 나는 엄마가 만족할 것이라고 생각했다. 어쨌든 새천년은 다가오고 있고, 엄마는 내게 방을 청소하라고 천 번째 말하는 것이라고 하니까.

이 이야기 속에는 만 8세 여자아동의 전형적인 모습이 많이 담겨 있다. 첫 번째는 제인이 자기 나이를 만 8과 3/4세라고 표현한 것이다. 곧 만 9세가 된다는 것은 그녀에게 분명히 아주 중요한 사실이다. 그녀는 가족 생활 중 한 장면을 선택했는데, 그 장면은 자신이 거의 청소년이 된 것처럼 아주 약간 반항적으로 보이게 하는 것이다. 그녀는 밀레니엄의 천 년과 흔히 쓰는 "내가 천 번이나 말했다."는 말 사이에서 공통점을 발견하고 이 농담을 중심으로 자기 이야기를 전개했다.

루이 알록, 만 8세

갑자기 나는 잠이 깼다. 나는 내 침대에 있지 않고 정원바닥에 있었으며 키가 3인치 밖에 되지 않았다. 나는 밀레니엄 요정 옆에서 있었고 요정은 자기 이름이 밀레니아고 뉴밀레니엄 선물을 배달하기 위해 자기 집에서 왔다고 말했다. 그녀는 내가 원하는 것이 있는지 물어보더니 내게 상자를 하나 주었다. 상자 옆면에는 밀레니엄의 마법이라고 적혀 있었다. 내가 상자를 열었을 때 밀레니엄 마법의 빛이 내 주위에 비치더니 내 눈이 떠졌고 나는 안전하게 내 침대로 다시 돌아와 있었다.

이 이야기는 구두법이나 유머 사용에서 앞의 것보다 덜 세련되었지만 역시 이 연령대의 매우 전형적인 모습을 보여준다. 루이는 아주 작아진다면, 자신의 축소형이 된다면 어떨 것인가에 대한 생각에 사로잡혔다. 이야기 속에는 마법이 있고, 선물을 주는 아름다운 요정이 등장한다. 그 요정은 또한 이야기의 끝에 주인공인 루이 자신을 침실로 안전하게 돌아오게 해주어야 한다. 만 8세 아동은 침대에 많은 애착을 가지고 있으며 행복한 결말을 가진 이야기를 좋아한다.

아담 래드, 9세

갑자기 밀레니엄 버그가 나타났다. 버그가 국회의사당의 컴퓨터를 건드려서 사람들은 모니터가 꺼질 때까지 웃고 있었다. 국회의원들은 컴퓨터 없이는 연설을 기억할 수가 없어서 집으로 돌아갔다. 도쿄에서는 컴퓨터 안에 있는 모든 전선이 국수로 변해버렸다. 주인들이 그것을 끄집어내자 사람들이 젓가락을 들고 모여 국수로 배를 채웠다. 미국에서는 우주왕복선이 궤도에 진입하면서 하늘에서 '엄마, 안녕'이라는 글을 썼다. 모든 사람이 새해를 축하하고 있을 때 버그는 백파이프 소리에 놀라서 다시는 나타나지 않았다.

만 9세 아담은 불합리한 이야기에 대한 감각이 잘 발달되어 있다.

그의 이야기는 자신을 주인공으로 삼지 않았다는 점에서 만 8세 된 두 여자아동과 다르다. 그의 이야기 속에는 '내'가 없다. 자기 집을 넘어선 세계에 대한 지식이 있다는 것을 보여주는 것이다. 다른 나라에 대해서도 알고 있고 직업세계 — 컴퓨터, 국회의원, 주인 — 에 대해서도 알고 있다. 그러나 이야기 속에 마법 같은 생각과 행복한 결말이 포함되어 있다는 점에서 그가 바라는 것 역시 비슷하다. 아마 이 예에서 가장 재미있는 것은 혼란과 흥분 속에서 '엄마, 안녕'이란 내용이 이야기 속에 들어갔다는 것이다. 만 9세의 이야기꾼은 집에서 그다지 멀리, 오래 벗어나지는 못한다.

유머

7~8세 된 아동들과 마찬가지로 만 8~9세 된 아동들은 농담과 수수께끼, 운율맞추기 등을 매우 좋아한다. 그들은 끝없는 '똑, 똑' 놀이 또는 '코끼리' 이야기 농담을 하고 오래된 노래에 자기들 말을 만들어 넣기를 좋아한다. 다음의 두 가지 예 중에서 첫 번째는 20년 전에 한 만 8세 아동이 말해준 것이고 두 번째 것은 작년에 한 만 8세 아동이 말해준 것이다. 두 노래는 내용은 다르지만 기분은 비슷하다.

Just one Cornetto,

Give it to me,

Not b★★★★★ likely,

It's 60p!

(코네토 아이스크림 광고 노래를 변형한 농담–역자 주)

Mary Mary quite contrary

How does your garden grow?

I live in a flat, you stupid prat

So how the f★★★ should I know?

(영국의 유명한 자장가 Mary Mary quite contrary를 변형한 농담–역자 주)

아동들은 노래 속에 욕설이 들어 있어서 둘 다 약간 나쁜 노래라고 생각한다. 대부분의 만 8~9세 아동은 희극이나 익살스런 것보다는 농담을 쓰는 유머를 더 좋아한다. 그들은 최하급 희극이나 익살스런 개그를 보고 웃기는 하지만 말을 재치 있게 사용할 때 드는 느낌에서 가장 만족을 느낀다.

만 9세 아동은 사실적인 농담은 매우 두려워한다. 이는 아이들이 폭로되거나 창피당하는 데 매우 취약하기 때문이다. 자신감과 독립심이 점점 자라나고 있기 때문에 그들은 당황스럽거나 보잘 것 없게 느껴지는 경험에 대해 심각한 위협을 받는다. 그들은 농담의 대상이 되는 것을 매우 싫어하고 비웃음의 대상이 되는 것을 견디기 어려워한다.

소설 해리포터는 이런 점을 정확하게 지적하고 있다. 만 9세 독자(혹은 영화관람자)는 마법의 세계에 전적으로 빠져 들어간다. 쌍둥이 위즐리가 사용하는 마법은 가짜 피라든가 가짜 강아지똥 같이 옛날 속임수와 비슷한 호그와트 마법이었다. 쌍둥이는 온갖 종류의 기이하고 멋진 마법으로 해리와 그의 친구들을 즐겁게 한다. 그들은 또한 마법을 드래코 맬포이와 그의 추종자들의 못된 짓을 복수하기 위해 전략적으로 사용한다. 만 9세 독자는 자기는 악을 대항하는 선의 위치에 있다고 생각하면서 안심하고 맬포이가 곤경에 빠진 장면을 관람할 수 있다. 이러한 즐거움뿐 아니라 그것이 모두 부모님의 시야에서 벗어난 기숙학교에서 벌어지고 주인공은 외국인인 고아소년이라는 사실에서 잠복기 아동 소설의 요소를 완벽하게 갖추고 있다.

제4장

걱정

understanding

가족의 걱정

뉴스에 나타나는 사건으로부터 아동을 보호하려고 해도 아동은 부모와 선생님, 지역사회가 느끼는 불안을 쉽게 감지한다. 아동들 앞에서는 이야기하지 않으려고 아무리 조심해도 부모가 무언가에 대해 걱정하고 있다는 것을 아는 듯한 아동들의 모습을 부모들은 경험했을 것이다.

조니는 음식을 먹지 않고 배가 아프다고 했다. 오늘이 수요일(가장 좋아하는 날)인데도 학교에 가지 않겠다고 했다. 그는 침대에 누워서 아무것도 먹지 않다가 마침내 내려와서 컴퓨터를 해도 되는지 물었다. 다음 날도 역시 학교에 안가겠다고 했다. 어머니는 틀림없이 무슨 일이 있으며, 다른 아동으로부터 괴롭힘을 당하고 있을 수도 있다고 생각하고 담임선생님께 연락했다. 그러나 아무것도 알 수 없었다. 조니는 일주일 동안 이틀밖에 등교하지 않았다. 그 주가 지나고 어머니는 조니에게 배가 아프다는 것은 절대 믿

> 을 수 없다고 단호히 말하면서 무엇이 문제냐고 따져 물었다. 조니는 눈물을 흘리면서 자기가 집에 있어야 엄마가 안전한지, 아빠가 집을 떠나려고 짐을 싸지 않았는지를 확인할 수 있기 때문이라고 말했다. 그는 자기와 동생이 방으로 들어올 때마다 부모님이 이야기를 중단하는 것을 눈치챘다고 말했다. 그는 청구서가 쌓여 있는 것을 보았고, 아버지가 뉴캐슬에 좋은 직장이 있다고 말하는 것을 엿들은 적이 있었기 때문에 부모님에게 경제적인 어려움이 있다는 것을 알았다는 것이다. 조니의 어머니는 아버지가 자기들을 절대 떠나지 않을 것이라고 안심시켰다. 부모는 아버지의 직장에 구조조정이 있을 가능성에 대해 이야기한 적이 있었고 한 가지 대안이 뉴캐슬로 이사 가는 것이지만 아이들을 걱정시키고 싶지 않았었다.

조니의 부모가 자녀에게 이사할 생각을 하고 있다는 것을 숨길 이유가 없었다는 점에서는 논쟁의 여지가 있다. 그런데 이 예에 나온 문제(경제적인 문제)가 어른들이 해결해야 할 일인 것은 틀림없다. 그러나 부모는 필요 이상으로 그 문제를 더 많이 걱정하고 있었고 자기들끼리 그 문제에 대해 몰래 이야기할 때 항상 조심하지는 못했다는 것을 보여준다. 조니는 민감한 아이였으며 그가 눈치챌 수 있었던 것은 부모가 알지 못하는 어떤 경험, 즉 친구 가족에게서 일어난 일이나 텔레비전에서 본 것 등과 관련되기 때문일 수도 있다. 이 연령대의 아동은 보통 자기들이 속는다고 의심할 이유가 없는 한 곧 안심하게 된다. 걱정보다는 상대적으로 수월한 놀이와 학습이 있는 잠복기 세계로 돌아오기를 선호하는 것이다.

삶과 죽음

누군가가 죽으면 아동은 별로 중요하지 않다고 축소함으로써 자기들의 감정을 조절하려고 한다. 아동들은 가까운 친척의 죽음에 대해 '알고' 싶어 하지 않을 수도 있고, 어른들이 무신경했거나 제대로 돌보지 못했다고 느끼게 할 정도로 죽음에 집착하는 행동을 할 수도 있다. 이 연령대의 아동은 죽음이 마지막이라는 사실을 대체로 잘 인식하고 있어서 사람이나 동물이 다시 살아난다고 기대하지 않는다. 그들은 아버지나 제일 좋아하는 선생님도 죽음을 되돌릴 수 없다는 것을 인식하고 있다. 만약 회복되기를 바라는 어떤 사람의 죽음을 거부할 수 없다면 아동은 마치 그런 일이 일어나지 않은 것처럼 행동하면서 모든 것에서 벗어나려 할 수도 있다. 반대로 친척 혹은 심지어 애완동물의 죽음까지도 만 8세의 아동을 마치 세상이 끝난 것 같은 깊은 절망에 빠뜨릴 수 있다. 이런 아동에게는 죽음이 자기 자신의 죽음, 혹은 부모님의 죽음에 대한 인식을 불러일으켰을 수 있다. 또한 죽으면 어떻게 되는지, 만약 이 세상에 혼자 남게 되면 어떻게 살아가야 할 것인지에 대한 걱정까지 할 수도 있다.

아동들은 또한 뉴스에서 들은 사건에 큰 영향을 받을 수도 있다. 2001년 뉴욕 테러 사건 이후에 아동들은 머리 위로 날아가는 비행기를 몹시 의식하게 되었고 많은 아동이 자기 집이 파괴되는 악몽에 시달리기도 했다. 2004년 아시아에서 발생한 쓰나미 이후에 어떤 아동은 바닷가에 가는 것을 불안해하게 되었고 이러한 공포는 2005년 뉴올리언즈 사진을 보고 되살아났다. 2007년 리버풀에서 발생한 11세 소년에 대한 총격사건 이후에 수많은 아동이 너무 무서워서 거리에 나가지 못했으며 학교 출석률이 현저히 떨어졌다. 아동 유괴 이야기는 매우 직접적인 영향을 미친다. 아프리카에서 아동이 굶어 죽어가는 사진보다 더 직접적인 영향일 것이다. 유괴 상황에 처한 자신은 상상이 가능한 반면, 아프리카 아동 사진은 자신과 거리가 있다고 여길 수 있기 때문이다.

가끔 미아 찾기 뉴스가 나오면 민감한 만 8~9세 아동은 그 이야기에 매우 신경을 쓰는 경우가 있다. 부모들은 왜 자기 아이가 낯선 사람에게서 발생한 일에 그토록 신경을 쓰는지 이해하기 어려울 수도 있다. 아이 자신도 자기가 무엇에 그토록 신경을 쓰고 있는지 잘 모를 수 있기 때문이다. 아마도 그 이야기가 아동의 내면세계의 그 무엇, 의식적인 사고로는 쉽게 알 수 없는 그 무엇을 자극하는 것일 수도 있다. 6세 아동이 납치된 뉴스를 보고는 6세 동생의 안전을 걱정하는 경우가 대표적인 예가 될 수 있다. 이는 단순한 이타적인 염려는 아니다. 아동은 언제나 여동생에 대한 양가감정을 가지고 있었다. 자기의 적개심이 동생에게 뉴스에 나온 것과 비슷한 재앙을 가져올 것이 무의식적으로 염려되어 더욱 보호해야 할 것 같은 느낌을 가지는 것이다.

잠복기 아동들은 겉으로 표현하지 않은 생각과 감정에 대한 죄책감과 불안으로 고통을 겪는 경우가 자주 있다. 만 8~9세 아동은 옳고 그름에 대해 매우 민감하기 때문에 만약 자기들이 비열하거나 공격적이었다는 것을 알면 죄책감을 느끼기 쉽다. 앞서 언급한 바와 같이 자기의 나쁜 생각이 비참한 결과를 가져올 것이라는 두려움을 자주 느끼는 것이다. 어떤 아동은 나쁜 일이 일어나지 않는다고 자신을 안심시키는 반복적인 행동, 즉 의식을 행하기도 한다.

타이런의 '습관'이 가족에게 문제가 되기 시작했다. 만 9세가 된 타이런은 언제나 '까다로운' 아이였다. 그는 항상 자기만의 정해진 규칙에 따라 생활했다. 집에서 반복해서 손을 씻었고 자기 수건이 아니면 손을 닦지 않았다. 다른 사람의 접시에 닿았던 음식은 먹지 않았고 자기 컵은 따로 씻어야 했다. 그의 방은 먼지 하나 없이 깨끗하게 정돈되어 있었고 누군가가 그 방에 들어가서 물건을 옮겨놓으면 마구 신경질을 부리곤 했다. 타이런이 자신의 의식을 천천히 수행하는 잠자는 시간이 특히 문제였다. 씻고, 양치질하고 옷을 정리하는 등 순서대로 의식을 행할 때 방해가 생기면 처음부터 새로 시작해야 했다. 그의 어머니는 불을 끄기 전에 똑같은 말을 똑같은 순서로 반복해야 했다.

이런 규칙과 의식이 집에서 잘 수행되면 타이런은 학교에서도 견딜만 했다. 타이런은 공부를 잘하고 학교에 있을 때 더 여유도 있어서 청결이나 오염에 대해 신경을 덜 쓰는 편이었다. 선생님도 타이런의 문제를 알고 있었지만 아주 사소한 경우를 제외하고는 타이런이 다른 아이들과 차이 나게 행동하는 것을 허락하지 않았다.

타이런의 부모는 타이런의 이상한 행동을 이해하기 위해 도움을 받고 싶었다. 그들은 아들이 집에서는 매우 불안해하고 학교에서는 훨씬 편안하게 느끼는 것을 생각하면 무척 속이 상했다. 학교상담자도 확실한 이유를 알 수는 없었지만, 아이들이 자기가 사랑하는 사람에게 일어나는 일을 통제할 수 있다는 것을 스스로에게 확신시키기 위해서 의식을 수행하기도 한다는 말을 해주었다. 상담자는 타이런이 자기가 병에 걸리는 것은 그다지 걱정하지 않지만 자기가 가진 '세균'이 다른 사람을 해칠 것을 더 걱정할지도 모른다고 했다. 그의 의식은 다른 식구들의 안전을 위한 일종의 노력일 수도 있다는 것이다. 좀 이상하게 들렸지만 타이런의 어머니는 일리가 있다고 생각했다. 그리고 용기를 내어 타이런이 걱정하는 것이 무엇이든 엄마와 식구들이 이겨낼 수 있다는 사실을 아주 적극적으로 보여주기 위해서 타이런이 의식의 일부를 깨뜨리도록 돕는 작전을 개시하게 되었다. 엄마는 타이런이 이 새로운 방식을 잘 받아들이는 것에 놀랐으며 타이런은 자기의 습관을 점차 많이 포기하였다. 잠자기 전의 의식은 고칠 수가 없어서 결국 내버려두기로 했다. 다음에 타이런이 친구 집에 가서 자거나 수학

여행을 갈 때 남은 문제를 스스로 해결하려는 동기가 생기기를 바라기도 했다.

비밀스런 불안과 숨겨진 두려움

만 8~9세 아동 가운데는 정신적 공간과 에너지를 상당히 차지하는 숨겨진 문제들로 인해 남몰래 투쟁하면서 매일의 학교 생활과 사회적 삶을 영위하는 아동이 있다. 실제로 비밀을 지키기 위해 요구되는 노력 때문에 아동 발달의 다른 영역이 심각하게 손상되거나 무시될 수 있다.

다음에 소개되는 한 초등학교에서 일어난 사건은 이 연령대의 아동들이 받아들이고 싶지 않지만 상당히 자주 일어나는 문제들 중 몇 가지를 보여줄 것이다.

고메즈 선생님은 학급 아이들에게 3일간 현장체험학습을 떠난다고 발표했다. 이 여행에는 약 50마일 정도 떨어진 시골의 야영장에서 하룻밤을 지내는 프로그램이 포함되어 있다. 학생들은 자기 학년에 이 프로그램이 있다는 것을 알고 있었지만 어찌 된 일인지 자기들이 실제로 갈 것이라고는 믿지 않고 있었다. 아이들은 즉각 자기들이 많이 큰 것 같은 느낌을 가졌다. 교실의 아이들은 신이 나서 누구와 방을 함께 쓸 것인지 버스에서 누구 옆에 앉을 것인지 등을 이야기하기 시작했다. 어떤 아이들은 서로 용돈을 얼마나 가져올 것인지 이야기하고 또 다른 아이들은 선생님께 비디오게임 조종판을 가져와도 되는지 질문하기도 했다. 고메즈 선생님은 이 아이들의 이야기를 듣지 못했다. 그는 매우 창백한 표정으로 앉아 있는 존과 눈물을 글썽이며 창 밖을 응시하고 있는 수지에게 신경이 쓰였다. 오말은 참가하지 않아도 되느냐고 물었다. 선생님은 이 세 아이들과는 개별적으로 만나보고 부모님과도 이야기해봐야겠다고 생각했다. 그는 수년간의 경험을 통해 현장체험학습이 항상 남이 모르는 어떤 두려움을 드러내는 것을 알고 있었다. 먹을 수 있는 음식이 하나도 안 나올지도 모른다고 걱정하는 아이들도 있고, 한 번도 집을 떠나보지 않은 아이들도 있으며, 잠잘 때 꼭 거쳐야 하는 의식이나 껴안고 자는 인형이 없이도 잠을 잘 수 있을지 걱정하는 아이들도 있다. 또 한 가지 흔히 발생하는 문제는 잠자리에 오줌을 싸는 것이다. 그런 아이들은 자신의 끔찍한 비밀이 드러날까 봐 현장체험학습에는 절대 참가할 수 없을 것이라고 생각한다.

만 8세 아동들 중에는 첫 번째 외박을 하기 위해서 적극적인 도움이 필요한 아동이 많다. 그들이 3세 때 어린이집이나 유치원, 놀이방에 가기 위해 부모와 떨어지는 데 도움이 필요했던 것과 마찬가지이다. 대부분의 아동은 이 과정을 친구의 집을 방문하는 것으로 시작한다. 다른 아동의 집에서 다른 아동의 장난감을 가지고 놀고 자기 가족이 아닌 다른 사람들과 식사를 하는 것은 중요한 통과 의례이다. 호텔이나 캠핑 지역, 취사시설이 있는 장소에서 가족들과 휴가를 보내는 것은 집을 떠나 가족 없이 밖에서 잠을 자기 위한 중요한 발판이다. 많은 아이들이 조부모나 친척들과 시간을 보내면서 연습을 하게 된다.

만 8~9세가 될 때쯤이면 아동은 친구를 집에 초대하거나 친구 집에서 자는 등의 사회 생활에 한창이다. 대부분의 아이들이 이런 기회를 원하지만 사실 자신을 친구 부모의 손에 밤새 맡긴다는 것은 커다란 발전이다.

카렌과 스테이시는 학교에서 단짝 친구이다. 그들은 한 동네에 살면서 서로의 집에서 많은 시간을 보냈다. 카렌은 스테이시의 집에서 여러 번 잤다. 친구 집에서 처음 잠을 잔 것은 아이들이 여섯 살 때였다. 카렌의 어머니가 부모님 댁에 급하게 갈 일이 생겨서 스테이시의 어머니에게 카렌을 하루나 이틀 정도 보살펴줄 것을 부탁했다. 그때부터 카렌은 상당히 자주 스테이시의 집에서 잤다. 어머니가 다른 지역에 가야했던 때도 있었고, 어떤 때는 아이들이 하던 놀이에 빠져서 잠잘 시간이 되도록 끝내지 않았기 때문이기도 했다. 스테이시는 카렌의 집에서 잔 적이 한 번도 없었다. 카렌이 자기 집에서 함께 자자고 했지만 스테이시는 어머니에게 자기 대신 못 간다는 말을 해달라고 부탁했다. 스테이시는 안 가려는 이유에 대해 아무 말도 하지 않았고 어머니도 왜 그러는지 알 수 없었다. 그런데 폴라가 자기 집에서 생일파티를 겸해서 함께 자자고 두 아이를 모두 초대했을 때 문제가 드러났다. 카렌은 신이 났지만 스테이시는 가고 싶지 않다고 했다. 스테이시의 어머니는 이 문제를 해결해야겠다고 생각하고 딸에게 무엇을 걱정하는지 말해보라고 설득했다. 스테이시는 자기가 깨어났을 때 부모님이 불행한 일을 당했거나 어디론가 사라져버렸을 것 같아서 정말 무섭다고 말했다. 스테이시는 그것이 쓸데없는 두려움이라는 것을 알고 있었다. 부모님이 사라지지 않을 것이라는 것을 알고 있었고, 자기가 학교에 있을 때나 자기를 도우미에게 맡기고 밤에 외출을 했을 때도 부모님의 안전에 대해 걱정하지 않았다. 왜냐하면 자기 집에서는 필요하면 밤중에라도 부모님에게 가서 안전을 확인할 수 있다는 것을 알기 때문이라는 것이다. 어머니는 역할이 바뀐 데 대해 우스웠지만 겨우 웃음을 참고, 카렌의 어머니와 이 문제를 의논해서 해결책을 찾아보겠다고 딸에게 말했다.

카렌의 어머니가 한 아이디어를 제안했다. 스테이시를 자기 집에서 자도록 해서 미리 연습을 시키자는 것이었다. 스테이시에게는 휴대폰을 가지고 잘 수 있게 해주고 필요하면 부모님께 전화도 할 수 있으며 만약 스테이시가 도저히 못 견디겠으면 한밤중에라도 언제든지 집으로 데려다주겠다고 했다. 또한 스테이시가 미안해하지 않도록 카렌의 아빠에게는 이 사실을 알리지 않았다. 이러한 여러 가지 안전장치를 한 후 스테이시는 카렌의 집에서 아주 편안한 밤을 보냈다. 스테이시는 졸릴 때까지 놀다가 잠자기 전에 잠깐 집에 전화를 한 후 자기 집에서처럼 아주 잘 잤다. 2주 후에 두 소녀는 폴라의 생일파티에 함께 갔다. 스테이시는 가방 속에 휴대폰을 가지고 있었지만 그것을 사용할 필요가 없을 것이라고 생각했다.

일반적인 변화와 전환에 대한 대처

앞에서 강조한 바와 같이 잠복기는 아동이 일반적인 환경 속에서 규칙과 예측 가능성을 중요하게 생각하는 기간이다. 현장체험학습에 직면한 아동이나 카렌과 스테이시의 경우보다 훨씬 낮은 변화에도 불안수준이 치솟을 수 있다. 아동은 일반적인 변화와 전환에 동반되는 불안을 처리하기 위해 온갖 방법을 개발한다. 어떤 아동은 시간표나 일정계획표를 그리며 시간을 보내고, 목록 작성하기를 좋아하는 아동도 많다. 이러한 목록은 자신의 불안을 담아두는 그릇의 기능을 한다. 친구 이름을 기록한 목록을 만들어 친구가 많다는 사실을 확인하기도 한다. 규칙 목록을 만들어 친구에게 서명을 받기도 한다. 스포츠팀 목록을 만들어 최고 선수들에 대한 소유권을 가진다. 받고 싶은 생일선물 목록을 만들기도 하고 자기가 받은 성탄절 선물의 목록을 만들기도 한다. 휴가를 갈 때 가져가고 싶은 물건의 목록을 만들면 미지의 목적지에 대한 불안감을 덜 느낀다.

만 8세 아동이 변화에 대처하는 능력은 그 변화의 특성뿐 아니라 변화와 분리에 대한 이전의 경험에 달려 있다. 보호자나 집으로부터 벗어날 때 이 일을 잘 감당할 수 있도록 적절한 도움을 받은 아동은 이후의 변화와 전이 과정에 대해서도 더욱 자신감을 가지고 직면할 수 있는 내적인 안전감을 굳건히 발달시킨다. 그러나 불안이 없어지는 것은 결코 아니다. 모든 전환은 이전의 상실 및 분리와 관련된 감정을 환기시킨다. 어떤 아동은 매우 민감해서 아주 작은 변화에도 불안한 반응을 일으키게 된다. 이런 아동의 경우, 학교처럼 활동이나 활동장소, 교사 등 변화가 반복되는 곳에서 문제가 될 수 있다. 어떤 아동에게는 다가올 변화를 미리 알려주어서 스스로 대비할 수 있도록 할 필요가 있다.

이사를 하는 것은 만 9세 된 아동에게는 신나기도 하지만 동시에 끔찍한 일이 될 수 있다. 클로에의 가족은 시내 중심지에서 작은 마을로 이사 가게 되었다.

> 클로에는 이사를 기다리고 있었다. 학교 친구들에게 작별인사를 했고 여름방학이 끝나면 등교하게 될 새 학교에도 한 번 가보았다.
>
> 이사하는 날, 클로에는 일찍 일어나서 어서 가고 싶었다. 이삿짐 트럭이 와서 모든 가구와 포장된 상자를 싣고 있었다. 클로에는 자전거를 꼭 가져가고 싶어서 트럭에 연결된 경사트랩 위로 올라가 자전거를 짐 나르는 인부에게 주려고 했다. 인부 중 한 사람이 다른 인부에게 짐짓 윙크를 하고는 탐탁지 않은 표정으

로 "미안한데, 자전거는 못 가져가."라고 말했다. 클로에는 방향을 돌려 트랩을 내려와 달렸다. 클로에는 페달을 밟느라 그 사람이 부르는 소리를 듣지 못하고 공원 근처까지 갔다. 아버지가 눈물에 흠뻑 젖어 나무 옆에 앉아 있는 딸을 발견했다. 클로에는 이사를 가고 싶지 않았다. 지금까지 살던 집과 학교가 너무 좋았다. 너무해!

이삿짐센터 인부의 잘못된 장난이 클로에가 전혀 깨닫지 못했던 감정을 드러내고 말았던 것이다. 클로에는 이사 가는 것이 진짜 신나는 사건 — 잃는 것이 하나도 없는, 좋은 일만 있는 — 이라고 정말로 믿었다. 그녀는 얼마 지나지 않아 평정을 되찾고 살던 집에 대해 좋은 감정으로 작별인사를 했다. 아버지는 딸의 마음을 알고는 자전거를 자가용 짐칸에 싣고 가자고 했다. 새 집에 도착했을 때, 클로에는 자전거를 내려서 즉시 동네를 돌아다닐 수 있었다.

제5장

보상과 처벌

understanding

일반적으로 만 8~9세 된 아동은 자기와 관계가 있는 어른들을 기쁘게 하고 실망시키지 않으려고 애쓴다. 학교에서는 이러한 특성을 활용하는 보상과 처벌이라는 제도를 실시하며, 가능한 한 보상을 더 강조한다. 대부분의 학교 교실은 공부를 잘 하거나 착한 행동을 한 데 대한 칭찬이나 보상을 얻으려는 경쟁이 치열한 장소이다. 과제를 제대로 못하거나 좋지 못한 행동을 하는 아이는 교사로부터 꾸중을 듣고 아마도 좋아하는 것을 못 하게 될 수도 있다. 대부분의 학교가 점수제도나 스티커 모으기를 실시하여 아동이 보상을 받기 위해 노력하도록 하고 있다. 보상은 사탕이나 연필, 퍼즐 등과 같은 구체적인 것도 있고 '선택권'과 같이 하고 싶은 활동을 제일 먼저 고르는 권리 같은 것도 있다. 주의산만, 잡담, 언쟁과 같은 좋지 못한 행동은 점수를 깎는 벌을 받거나 노는 시간을 뺏기는 것과 같은 즉각적인 제재를 받을 수 있다. 만 8~9세 된 아동은 이런 종류의 제도를 쉽게 이해하며, 똑똑한 아동은 교묘히 활용할 수도 있다. 어떤 아동은 스티커 나무의 꼭대기에 한 번도 도달하지 못하거나 얻은 점수보다 잃는 것이 더 많아서 의기소침할 수도 있다.

이러한 모든 방법들은 얼마 가지 않아 효력이 떨어진다고 주장하는 사람도 있다. 돈과 마찬가지로 스티커가 너무 쉽게 주어지면 가치를 잃게 된다.

교실보상제계

만 7~8세 된 아동에게는 학급 전체가 보상을 얻기 위해 함께 노력하는 방식이 자주 사용된다. 대체로 이 연령대의 아동들은 혼자 두드러지는 경우가 매우 드물다. 이 방식을 창의적으로 사용하는 예를 들어보면, 아동이 칭찬받을 일을 했을 때 아동에게 공깃돌을 주면 그 공깃돌이 항아리에 축적된다. 항아리가 가득 차면 반 학생들은 상을 받게 된다. 만 8~9세 된 아동들에게는 이런 방법보다 서로 경쟁적이 되도록 격려하는 방법이 더 낫다. 다음의 예를 보자.

관찰

어느 만 8~9세 아동 학급에서는 학생들에게 카드에 있는 빈칸을 다 채우도록 하는 스티커 제도를 실시했다. 한 여자아이가 자기 카드가 다 채워지자 신이 났다. 상품 가방 속의 상품을 선택할 수 있기 때문이었다. 교사는 학생에게 아무 것이나 고르라고 말했다. 그러나 칭찬도 해주지 않았고 아무도 아이가 선택한 상품에 관심을 보이지 않았을 때 아이는 풀죽은 표정을 했지만 교사는 보지 못했다. 이 교실에서 상품을 선택하게 된 아이들의 다양한 반응을 보는 것은 재미있는 일이었다. 어떤 아이들은 만족한 얼굴로 자기가 고른 상품을 반 친구들에게 들어보였고, 어떤 아이들은 상품을 살짝 꺼내어 가방이나 외투 주머니에 재빨리 숨기기도 했다. 아이들은 자기 방식대로 반응하는 각각의 이유가 있을 것이다. 어떤 아이들은 정말 자랑스럽게 여기고, 어떤 아이들은 다소 겸손하게 행동한다. 자기의 상품을 숨긴 아이들은 다른 아이들이 질투할 것이 걱정스럽기도 할 것이고, 도둑맞을까 봐 두렵기도 하고, 1등 해서 상품을 받는 것이 불편할 수도 있다. 그 아이들은 진짜로 상 받을 일을 했는가? 속임수를 쓰지는 않았나? 누군가 다른 사람이 진짜 상을 받을 사람이 아닐까?

다른 만 8~9세 반에서는 교사가 아이들의 이름을 게시판에 적어 둔다. 오른쪽에는 착한 행동을 한 학생들 이름을 적었고 왼쪽에는 잘못되거나 나쁜 행동을 한 학생들의 이름이 적혀 있다. 만약 왼쪽에 이름이 두 번 적히면 쉬는 시간이 없어지거나 수업을 마친 후 정리정돈을 하는 등 어떤 벌이 주어질 것이다. 이 제도는 성경에서 양과 염소를 구별하는 것이나 축구에서 옐로우 카드를 한 번 받으면 경고이고 두 번 받으면 레드카드가 되어 퇴장 당하는 것과 매우 유사하다. 교사는 때때로 학생들에게 게시판을 주

목하게 하여 첫 번째 경고를 받은 아이가 누구이며 두 줄의 이름 목록이 어떤 상태인지를 확인해주곤 했다. 한 가지 좋은 점은 학교 일과가 끝나면 이름이 모두 지워지기 때문에 다음 날에는 모든 학생이 새로 시작할 수 있다는 것이다. 아이들은 이런 매우 시각적이고 공적인 경고 제도에 잘 반응하는 것 같았다. 그러나 긍정적인 목록보다는 부정적인 목록에 초점이 훨씬 더 맞추어져 있다는 것은 문제였다. 착한 행동 쪽에 이름이 추가되어도 아무도 특별한 관심을 가지지 않는 것 같았다.

어떤 종류든 상벌 제도 없이 경영되는 학급은 거의 없지만, 위의 예들은 그러한 제도가 생각 없이 시행될 때 얼마나 가치 없는 제도가 되는지를 보여주고 있다. 아이들은 무언가 갖고 싶어 하고 매우 경쟁적이다. 그러나 만 8~9세 정도면 공평한 것을 매우 중요하게 여기고 칭찬과 벌에 대체로 아주 잘 반응한다.

가정에서의 보상과 처벌

각 가정에서는 자녀를 훈육할 때 상당히 다양한 방식과 전통을 가지고 있다. 어떤 부모는 자녀가 좋은 행동을 하면 칭찬해주고 잘못 행동하면 잘못되었다고 꾸중하는 것으로 충분하다고 생각한다. 물론 아동들이 칭찬에 반응하는 방식도 매우 다양하다. 자기들이 부모를 언짢게 했다는 말을 들었을 때 매우 민감한 아동들도 있다. 어떤 집에서는 자녀들에게 보상을 주고 좋아하는 것을 뺏는 등 앞에서 기술된 교실풍경과 그다지 다르지 않은 방법을 사용한다. 부모들은 컴퓨터를 하거나 텔레비전 보는 시간에 대해 자녀들과 복잡한 협상을 해야 할 수도 있다. 잠자리에 드는 시간은 가장 빈번하게 문제가 폭발하는 시간이며, 자리싸움을 할 형제가 많으면 문제는 더 심각하다. 그런데 '외출금지'를 당하거나 일주일 동안 비디오게임을 못하게 되었다고 하면 오히려 지위가 올라가는 또래 집단도 있다! 교실에서와 마찬가지로 가정에서의 보상과 처벌도 자녀와 부모와의 정서적 경험에 관계없이 단순한 거래로 전락할 수 있다. 만 8~9세 된 아동들은 정의감이 매우 발달되어 있다. 제일 자주 사용하는 대꾸가 "불공평해!"라는 말이다. 이 아동들은 형제나 친구들에게 허락되는 것과 비교하여 자기가 불공평한 대우를 받고 있다고 느끼면 즉각 불평한다.

말을 안 듣고 버릇없는 만 8~9세 된 아동을 실패 없이 훈육하는 방법은 없다. 그러나 아동의 정서적 경험을 이해하려 하고 행동을 유발하는 동기가 무엇인지 알아내고자 애쓰는 부모들은 그에 대처하는 방법을 찾기가 상대적으로 쉬울 것이다. 아동은 행동의 한계와 그 결과에 대한 인식이 필요하다. 그러나 그들은 또한 자기 행동이 영향력이 있고, 인정받고 있다는 것 또한 알 필요가 있다.

제6장

관계

understanding

차이 인식

아동이 만 8~9세가 되면 자신이 누구인지, 가족이나 더 큰 사회와 어떤 관계가 있는지에 관해 분명하게 인식하기 시작한다. 만 8~9세 아동은 자신과 타인의 차이에 관한 인식이 점차 증가하게 된다. 그들은 누가 누구보다 더 똑똑한지, 누가 미술이나 수학, 스포츠, 글짓기 등을 잘 하는지에 대해 분명한 생각을 형성하기 시작한다. 그들은 또한 자신에게 어느 영역이 적합한지에 대한 생각도 확실해진다. 대부분의 아동이 자신이 '최고'가 아니라는 사실을 받아들여야 하지만 자기의 상대적 강점이 무엇인지를 알면 한결 편안해질 것이다. 소수의 아동은 자신과 타인을 비교하는 것을 매우 힘들게 여긴다. 자신이 특별히 잘하는 것이 없다는 사실을 인식하는 것도 힘든 일인데, 가정에서도 적절한 인정을 받지 못하고 학교에서 친구도 사귀지 못하면 그 상황은 견디기 어렵다. 이러한 아동은 환영받지 못한다는 느낌 때문에 스스로를 괴롭히는 방식에 호소할 수 있다. 그 결과는 자신이나 타인에 대한 내 · 외적 공격으로 나타날 수도 있다.

빌리는 키가 작고 창백하며 삐죽한 금발 머리카락에, 도수 높은 두꺼운 안경을 낀 여덟 살 소년이다. 여덟 살이 되면서 빌리의 읽기 능력은 어느 정도 향상되었지만 작문은 매우 수준이 낮은 학습부진아였다. 그는 연필을 똑바로 잡는 것도 힘들었고 줄에 맞게 글자를 쓰지도 못했다. 선생님은 빌리를 열심히 격려하고 기회가 있을 때마다 칭찬해주었다. 그런데 선생님은 이것이 왜 빌리를 기쁘게 하지 못하는지 이해할 수 없었다. 빌리는 하던 것을 손으로 가린 채 다른 곳을 쳐다보기도 하고 책상 밑에서는 발을 이리저리 움직였다. 빌리가 '고래'에 관한 작업을 어느 정도 했을 때 선생님은 학급 아이들이 볼 수 있도록 빌리의 책을 들고 금색 스티커를 받았으니 박수를 쳐주라고 했다. 빌리는 얼굴이 새빨개졌고, 스티커를 받고도 주머니에 넣지 않았다. 그날 오후 선생님은 빌리의 작품이 두 갈래로 찢겨진 채로 물건 칸에 놓여 있는 것을 보고 경악했다. 선생님은 자존감이 매우 낮은 아이들 중에는 칭찬을 받아들이지 못하는 아이도 있다는 사실을 몰랐던 것이다. 칭찬이 자기 작품에 대한 내적 자부심과 일치하지 않으면 아이는 더욱 모욕을 느낄 수 있다. 빌리는 자기의 느낌을 선생님에게 표현할 수 없어서 자신의 분노와 좌절을 작품에 대한 공격으로 나타내었다.

제이슨의 행동은 매우 달랐다. 그는 겉으로는 자기 작품이 어떻게 보이든 상관하지 않는 것 같았다. 선생님이 도와주려고 하면 펄펄 뛰고 "예, 예, 알겠습니다." 하면서 자기가 하겠다고 고집을 부렸다. 그는 자기 작품과 친구들 작품과의 차이를 인식하지 못하는 것 같았다. 그는 읽기와 쓰기가 잘 되지 않았다. 그러나 알아듣는 것은 빨랐고, 특히 학급도우미나 보조교사가 학급을 돌보고 있을 때는 익살을 떨어 아이들을 웃겼다. 학급 아이들은 제이슨이 이런 행동을 할 때는 좋아했지만 그의 또 다른 습관은 매우 짜증스러워했다. 그는 공부에 집중하지 못했으며 언제나 책상 위에 엎드려 있다가 다른 아이들의 책에 재빨리 낙서를 해댔다. 그는 가끔 핑계를 대고 교실을 가로지르면서 아이들의 책상마다 멈춰 서서 작업한 것을 비웃거나 재빨리 구겨버리고는 "아차, 미안!"하고 말하기도 했다. 과제를 망치게 된 아이는 소리 질러 선생님을 부르고, 선생님은 제이슨을 야단치고 그 아이에게는 낙서를 지우거나 새로 시작하라고 했다. 정말 심각한 문제였지만 교사는 이 통제불능의 불량소년을 전혀 제어할 수 없었다.

비슷한 상황에서 미리암의 행동은 또 달랐다. 미리암은 선생님의 칭찬을 아주 좋아했다. 만약 칭찬을 듣지 못하면 자기의 책을 학급 아이들에게 보여주면서 자기가 한 것을 칭찬하도록 요구하곤 했다. 모든 수업이 끝날 때마다 미리암은 스티커를 받을 수 있냐고 물어보고, 교사가 안 된다고 하면 보조교사에게 가서 다시 물어보곤 했다. 성탄절 휴가 몇 주 전에 불미스러운 일이 일어나기 시작했다. 아이들의 사물함에서 워크북이 사라지는 것이다. 처음에는 아이들이 부주의해서 일어난 일로 생각하고 교사는 모든 아이들에게 교실을 정리하고 찾아보라고 했다. 그러나 곧 누군가가 워크북을 훔친다는 사실이 분명해졌다. 교사가 아이들에게 타일렀으나 해결이 되지 않자 수석교사에게 도와달라고 했다. 모든 학부모에게 통신문이 전달되었다. 며칠 후에 미리암의 어머니가 수석교사를 만나러 왔다. 그녀는 매우 당황스러워하고 화가 나 있었다. 미리암의 어머니는 딸의 행동이 어딘가 이상해서 딸 방에 들어가서 찾아보니 침대 밑에 워크북이 몇 권 쌓여 있는 것을 발견했다고 말했다. 미리암은 결국 자기가 그 책을 훔쳤다는 것을 인정했고 훔친 이유는 똑똑한 아이들이 부러워서였다고 말했다.

특수한 필요

'특수한 필요'라는 말은 발달적, 인지적, 행동적, 정서적 문제 전반을 포괄하고 있다. 어느 정도는 유전이고 어느 정도는 기관 문제이고 어느 정도는 환경적 문제이다. 일반 교실에는 눈에 띄게 다양한 형태의 특수요구가 있을 수 있다. ADHD 진단을 받은 아동이 한두 명 있을 수 있고 아스퍼거증후군이나 자폐성 장애가 있는 아이도 한두 명 있을 수 있다. 만약 장애인 학교라면 뇌성마비나 근육위축병, 다운증후군 같은 장애를 가진 아동도 있을 수 있다.

모든 종류의 '차이'에는 두려움과 편견을 줄이는 것이 중요하다. 아동들이 특수한 필요가 있는 아이를 대하는 행동은 이전의 경험과 부모의 태도, 또한 눈에 보이지 않는 내면세계의 특성에도 달려 있다. 어떤 아동은 휠체어를 타는 급우를 돌봐주기를 매우 좋아한다. 이는 마치 그들이 자신의 모든 취약성과 필요를 장애를 가진 아동에게 맡기고 그 장애아를 돌봄으로써 자신의 필요를 돌보는 것과 같다. 물론 특수한 필요를 가진 아동의 내면세계에 의해서도 많은 것이 좌우된다. 어떤 아동은 신체가 건강한 친구에 대한 부러움과 분노로 인해 그들과 평범한 관계를 형성하기 힘들다. 또 어떤 아동은 '어린 천사들'처럼 결코 불평하지 않고 시기심과 적대감을 억제한다.

『특별한 사랑이 필요한 아이들』이라는 책에서 파멜라 바트럼 Pamela Bartram(2007)은 이 문제를 심층적으로 논의하면서 '정서적 교감'이 이루어질 수 있는 방법을 예와 함께 보여준다.

장애를 극복하지 못하는 소수의 아동들은 잘하면 무감각해지고, 최악의 경우에는 매우 비참해진다. 이 아동들은 고통과 좌절의 현실에 직면하지 못해서 스스로 그 현실로부터 거리를 두거나 혹은 공격하는 아동들이다. 이런 일은 드물기는 해도 또래 간에서 일어날 수 있는 일이다. 또한 부모가 장애를 가졌을 때도 이런 일이 일어날 수 있다. 다음의 예를 보자.

스티븐의 아버지는 스티븐이 6세 때 다발성 경화증 진단을 받았다. 처음에는 눈에 잘 띄지 않았다. 스티븐은 단지 아빠가 몸이 좋지 않아서 (공원에서 연날리기와 같이) 전에 같이 하던 놀이를 못할 때도 있을 것이라고만 알고 있었다. 3년이 지나자 스티븐의 아버지는 병이 악화되어 매우 쇠약해졌다. 스티븐의 엄마는 지쳤고 경제적인 문제가 걱정되었지만 희망을 잃지 않았다. 엄마는 스티븐이 아버지에게 따뜻하게 대해주고 아버지의 병이 가족에게 미치는 영향에 대해 불평하지 않기를 바랐다. 아버지가 스티븐에게 2층에 가서 슬리퍼를 가져오라고 부탁할 때 스티븐은 너무 화가 나서 참을 수가 없었다. 그는 아버지에게 일어나서 직접 가져오라고 소리 지르고 싶었다. 그는 자기연민에 빠진 듯한 아버지를 보는 것이 너무 싫었다. 왜 내가 아버지 같은 환자 때문에 골치를 앓아야 하는가? 그는 아버지의 목발을 차버리면 어떨까 하는 상상을 했다. 이러한 생각이 반복되면서 그는 죄책감에 싸이고 스스로가 미워서 잠을 제대로 못자기도 했다.

다행히 스티븐의 할머니가 도움을 줄 수 있었다. 할머니는 자기 딸과 사위가 인식하지 못한 분노를 스티븐이 가지고 있는 것을 볼 수 있었다. 할머니는 스티븐이 활기찬 남성 역할 모델의 상실로 인해 매우 힘들어하고 있으며 자기도 그 병의 희생자가 될 것 같은 심한 두려움을 가지고 있는 것을 알 수 있었다. 어머니는 할머니가 이러한 생각을 드러내어 말하기를 원하지 않았지만 할머니는 스티븐에게 이야기했고, 스티븐은 누군가가 자기의 경험을 이해해준다는 느낌을 갖게 되었다. 그러자 스티븐은 아버지를 덜 미워하게 되었고, 시간이 지나면서 함께 즐기는 방법을 배우게 되었다.

특별한 재능

어떤 부모는 특정한 영역에서 자녀들이 가질 기회를 최대화하기 위해 상당한 시간과 에너지, 돈을 쓴다. 특별한 재능이나 적성이 발견되기라도 하면 부모는 자녀가 목표를 성취하기 위한 모든 도움을 받을 수 있도록 하기 위해 자신의 삶을 포기하는 일이 빈번하다. 아동의 가능성이 어떤 영역이든 — 수영, 무용, 아이스스케이팅 혹은 악기 연주 — 희생은 마찬가지이다.

어떤 영역에서는 이러한 성공에 대한 일념이 필요하지만, 이는 평범한 가족 생활을 왜곡하고 커다란 위험을 가져올 수 있다. 만약 자녀가 피아니스트가 되고 올림픽에서 나라를 대표하거나 국가대표팀에서 활약한다면 모든 것이 가치 있게 여겨질 것이다. 그러나 다소 재능이 떨어지는 자녀를 무리하게 시키는 부모들이 항상 있다. 예를 들어, 연기교습소나 댄스학교는 자녀들의 즐거움 때문이 아니라 부모들의 욕망을 채우기 위해 운영되는 것처럼 보인다. 현대인의 명예와 명성에 대한 집착으로 인해 많은 가족들이 달성할 수 없는 목표에 희망을 걸고 있다. 또한 아동들까지 그 무엇보다도 명성을 중요시하도록 만들고 있다. 특정한 분야에서의 성공에 대한 추구와 평범한 가족 생활 경험 간에 균형을 유지하는 것은 어려운 일이다. 그러나 이런 균형을 유지하는 부모는 아마도 자녀들이 현실을 인식하면서 성공의 기쁨뿐만 아니라 실패의 고통을 이기는 법도 배우도록 도울 수 있을 것이다.

성별

이 발달 단계에서는 남자아동과 여자아동이 서로 못마땅해한다. 남자아동은 여자아동이 약하고 어리석다고 생각하고 여자아동은 남자아동이 둔하고 거칠다고 생각한다. 어느 학급에서 게시판에 붙일 자료를 만들기 위해 친구들의 사진을 찍고 각자 친구 이름을 말하고 좋아하고 싫어하는 것이 무엇인지 말해보라고 했다. 놀라운 결과가 나타났다. 모든 여자아동은 다른 여자아동 이름을 친구로 나열했고 좋아하는 것은 애완동물과 바비인형 장식품을 모으는 것이라고 대답했다. 남자아동 역시 친구 이름으로 다른 남자아동 이름을 말했고 취미는 운동과 좋아하는 축구팀 경기를 보는 것이라고 했다. 물론 이 규칙에는 예외도 있다. 몇몇 아동들은 학교에서 동성의 친구와 함께 있을 때는 이성친구를 멀리했지만 저녁이나 주말에는 이웃끼리 만나곤 했다. 남녀 사촌끼리는 학교에서는 서로 못 본 것처럼 행동하다가 휴가 때 가족들이 함께 만날 때는 즐겁게 같이 논다. 그런데 이런 일반적인 형태와는 달리 자신과 반대 성을 가진 집단을 계속 따라다니는 아동들도 있다. 그 좋은 예로서 축구를 하는 남자아동들 틈에 끼고 싶어 하는 여자아동이 있다. 만약 그 여자아동이 기술이 좋으면 축구팀에 합류할 수 있겠지만 그런 과정에서 다른 여자아동들로부터는 소외당할 것이다. 이와 유사하게 조용한 여자아동들과 함께 있기를 선호하는 남자아동도 있으며, 만 8~9세 되는 아동의 학급마다 떨어질 수 없을 것 같은 남-녀 단짝이 최소한 쌍은 있다.

인종, 종교, 민족

만 8~9세 되는 아동은 대체로 인종, 문화, 언어, 종교의 차이를 인식하게 된다. 사람 간의 복잡한 차이에 대한 이해는 아직 덜 발달되어서 무지로 인한 문제가 발생할 수도 있다. 하산은 소말리족의 풍습과 신념을 과격한 방식으로 이야기하는 소년이었다. 또래들은 그가 집단에서 소외당하는 것을 극복하기 위해 그런 식으로 행동하는 것을 이해하지 못했다. 그들은 하산이 단지 나대는 것이라 생각해서 그를 '테러리스트'라 부르고 히잡(이슬람 여자들이 외출할 때 머리에 쓰는 두건-역자 주)을 쓴 여자아동들을 놀렸다. 그러자 다른 무슬림 남자아동들은 그 여자아동들을 나서서 보호해야 한다고 느꼈다. 교사들은 이런 유형의 정제되지 않은 정치적 성향이 교실에서 나타나지 않도록 예방할 책임이 있다. 다행히도 하산에게는 이 문제를 해결할 능력이 있는 선생님이 계셨다.

하산은 도심의 어느 학교에 다니고 있다. 이 학교에는 전 세계에서 모여든 아동들이 다니고 있고 40가지 넘는 언어가 사용되고 있다. 오늘날 학교 현장에서는 이 학교처럼 분위기가 포용적이고 교육 과정에 다민족 이해를 포함하는 등 많은 진전이 이루어지고 있다. 아동들에게 여러 종교의 주요 원리를 가르치고 다양한 축제를 기념하도록 배려하는 학교에서는 편견이나 의심이 훨씬 줄어들게 된다. 그러나 아동들이 자기 것에 충성심을 가지는 것은 또 다른 영역이다. 아동들은 학교에서 가르치는 가치를 포용할 것인가, 아니면 무지와 편협의 하나일 수 있는 자기 부모의 태도에 따를 것인가?

완고한 종교 규칙이나 문화 규범을 가진 가족들에게는 해결하기 힘든 갈등이 있다. 다음의 예에 나오는 시크교도(인도의 펀자브 지방을 중심으로 일어난 힌두교의 한 파—역자 주) 가정의 경우 어머니는 영어를 전혀 하지 못하고 아버지는 1년 중 많은 날을 밖에서 보낸다.

> 하린더의 어머니는 8세 된 아들이 예절을 잘 지켜서 항상 자랑스럽게 여기고 있었다. 어머니는 아들에게 연장자를 존경하도록 가르쳤고 친척이 방문하면 아들은 언제나 자랑이었다. 그런데 새 학년의 첫 학기가 반쯤 지나갈 무렵부터 아들이 무례해지고 도전하기 시작하자 어머니는 매우 충격을 받고 고민하게 되었다. 하린더는 학교에서 돌아오면 즉각 불평을 시작했다. 그는 엄마가 차려주는 음식을 좋아하지 않았고 엄마가 좋지 않게 생각하는 텔

레비전 프로그램을 보려했고, 숙제도 하지 않았다. 어머니가 야단을 치면 그는 영어로 말하면서 대들었다. 어머니가 화를 내면 손으로 귀를 막았고 어머니는 그런 행동을 매우 도발적이라고 생각했다. 거의 매일 저녁마다 어머니는 아들을 일찍 재우려고 했지만 그는 무시했다. 왜 그러는 것일까?

몇 주 동안 하린더의 행동은 점점 심해졌고 어머니는 점점 절망하고 수치스럽게 여기게 되었다. 어머니는 아들에게 아버지가 인도에서 돌아오실 때까지만 자제하라고 반복해서 이야기했다. 어머니는 학교에 가서 아들의 행동 문제를 의논해야 할 것인지 고민했지만 그녀는 학교에 가서 한 번도 편하게 느낀 적이 없었으며 하린더가 통역해주지 않으면 의사소통을 할 수 없었다. 1~2주 후에 수석교사로부터 편지가 와서 가정-학교 연계교사와의 모임이 있다고 했다. 어머니는 모임에 가서 펀자브어를 하는 통역사를 통해 하린더의 선생님과 이야기할 수 있었다. 선생님도 하린더에 대해 걱정하고 있었다. 성적이 떨어지고 교실에서 매우 우울해 보였다고 한다. 또한 요사이 쉬는 시간에 학급 친구들과 어울리지 않고 학년이 높은 시크교 남자아이들을 찾아간다고 했다. 선생님은 연계교사에게 가정을 방문해보라고 제안했다.

가정 방문에서 하린더는 자기가 어떻게 해야 할지 모르겠다고 말했다. 학급에서는 소외당하고 있었고 자기의 인종과 문화에 충실하려고 하는데 학년이 높은 시크교 남자아이들 중에 영국인을 미워하는 아이들도 있어서 무섭다고 했다.

하린더는 깊은 갈등에 빠진 아동들이 하는 전형적인 행동을 하고 있었던 것이다. 그는 학교에서 자신을 고학년 시크교도 남학생들과 동일시함으로써 주류 또래 문화로부터 자신을 분리시키고 있었다. 집에서는 어머니가 싫어하는 천한 '서구화된' 아동처럼 행동함으로써 어머니를 응징하고 있었다. 어느 것도 현실적이지 못했다. 하린더는 런던에서 자랐고 두 언어와 두 문화를 소유하고 있었다. 그는 자라난 문화를 어느 정도 받아들였지만 물려받은 것을 거부하고 싶지 않았다. 그는 단지 스트레스를 인정하고 자신과 가족에게 맞는 방식을 찾기 위한 도움이 필요했던 것이다.

괴롭힘

눈에 보이는 차이가 있는 곳마다 괴롭힘이 있을 가능성이 있다. 초등학교 시절 어느 한 시기에 어떤 형태로든 괴롭힘에 가담한 적이 한 번도 없다고 할 아동은 거의 없다. 또한 거의 모든 학생이 괴롭힘을 받은 적이 있다고 할 것이다. 괴롭힘은 단순한 심리적 전략에 의해 대체로 무의식적으로 발생하며 일단 실행되면 피해자에게 심각한 영향을 미칠 수 있다. 심리적 전략은 다음과 같은 것이다. "나는 작거나 가난하거나 바보스럽다고 생각하고 싶지 않아. 그러니까 누군가 다른 사람을 그렇게 생각하도록 만들거야." 자신보다 작거나 약하거나 성적이 좋지 않은 아동, 혹은 그냥 '다른' 아동이 목표

대상이 된다. 아동들은 그러한 특징을 전혀 가지고 있지 않을 수도 있지만 일단 자신이 그렇다고 믿으면 피해자로서의 역할에 너무 빨리, 쉽게 빠지고 만다.

괴롭힘은 그 형태가 다양하고 그중 어떤 것은 매우 심각하다. 학교에서는 모든 사람이 이해할 수 있는 분명한 전략과 결과가 포함된 정책을 가지고 있어야 한다. 그냥 내버려두면 가해자는 경험에 중독되어 괴롭히는 행동이 더 심해지고 그로 인한 위험은 점점 더 커지게 될 것이다. 그러면 가해자들은 보복으로부터 자신을 지켜주는 '지지자'들을 더 많이 모아 자신을 보호해야 한다. 인터넷을 이용한 괴롭힘에는 특별한 위험이 있다. 인터넷을 사용하는 가해자들은 자기가 하는 행동으로부터 거리를 둘 수 있다. 그들은 피해자의 고통을 상상은 할 수 있지만 목격하지 않아도 되는 것이다. 마이스페이스MySpace 같은 소셜네트워크 사이트에서 괴롭힘에 가담한 적이 있는 아동들은 자신이 가해자라고 여기지 않는다고 했다. 그만큼 인격적인 관계로 느껴지지 않는 것이다.

괴롭힘은 조기에 개입할 때 가장 잘 해결할 수 있다. 그러나 주의하는 것만으로는 문제를 해결할 수 없다. 아동들에게 가해자와 피해자로서의 자신의 경험을 이야기해볼 기회를 주는 것도 좋다. 잉글랜드와 웨일즈 지방의 SEALsocial and emotional aspects of learning(학습의 사회적 정서적 측면)과 같은 교실혁신 프로그램이나, 외국에서 실시되고 있는 이와 유사한 프로그램은 만 8~9세 된 아동들에게 괴롭힘의 의미를 깊이 생각해보고 자신뿐 아니라 다른 사람의 경험으로부터 배울 수 있는 기회를 제공할 것이다.

언어와 성적 행동

오늘의 놀이터에서는 언어에 대한 제재가 이전보다 훨씬 적어서, 자녀가 욕설이나 너무 많은 속어를 사용하지 않도록 지도하는 부모들은 무척 힘들어한다. 텔레비전은 아동의 표현 언어 형성에 매우 큰 영향을 미친다. 만 8세의 딸아이가 머리를 빗으라는 부모의 말을 듣자 부모를 향해 돌아서서는 어깨를 으쓱하며 내키지 않는 듯 느린 말투로 "무슨 상관이야."라고 말할 때 부모는 놀라서 할 말을 잃는다. 많은 잠복기 아동들은 놀이터나 길거리에서 본 행동을 충분히 이해하지 못하고 따라한다. 선생님 앞에서 어깨를 으쓱대면 선생님이 싫어하고, 어른 앞에서 손가락을 치켜세워서는 안 되고, 할머니에게 자기들의 임시교사가 '바보'라고 말해서는 안 된다는 것을 가르칠 필요가 있다.

> 크리스토퍼는 놀이 시간에 매우 신이 나서 자기 반 여자아이들에게 돌아다니며 노골적으로 자기가 '애무해'주고 싶다고 말했다. 여자아이들이 처음에 킥킥거리며 웃자 그것은 크리스토퍼를 더 용감하게 만들었다. 그는 여자아이들 주위에서 춤을 추면서 "내가 애무해줄게, 애무해줄게, 너도 좋아하잖아."라고 소리쳤다.

여학생들은 불쾌하게 여기며 저리 가라고 했다. 그는 혼자서 신이 나서 계속 여학생 주위를 맴돌았다. 실비아가 갑자기 울음을 터뜨리자 친구들이 주위에 모여들었다. 한 여자아이가 크리스토퍼에게 "꺼져."라고 하자 그는 더욱 흥분해서 "너 욕했다, 욕했다, 욕했지."라고 했다. 이때 놀이터 담당자가 소동이 일어난 것을 알고 다가왔다. 그녀는 크리스토퍼의 팔을 잡고 실내로 들어가면서 여자아이들에게 따라오라고 했다.

크리스토퍼의 어머니는 학교에서 전화를 받고 어쩔 줄을 몰랐다. 크리스토퍼가 무슨 생각을 하고 있었는지 이해할 수 없었다. 그녀는 너무 화가 나서 크리스토퍼를 집으로 데려오면서 아무 말도 하지 않았다. 잠자는 시간이 되어서야 어머니는 크리스토퍼와 이야기를 해보려고 했다. 이제는 크리스토퍼가 말을 하지 않고 눈물만 글썽였고 엄마는 결국 아무 이야기도 못했다. 조금 후에 아버지가 말을 걸려고 하자 크리스토퍼는 "애무하는 게 뭐예요?" 하고 물었다. 그는 뜻도 제대로 알지 못하고 몇몇 나이든 남자아이들이 길에서 여학생들에게 노래하듯 하는 것을 보고 반복해왔던 것이다. 그는 자기 반 여자아이들이 좋아할 것으로 생각했다.

특히 만 8~9세 무렵의 아동들은 과장된 언어를 사용하여 스스로 곤경에 빠지기 쉽다. 이는 가정과 학교 간에 심각한 오해가 생길 여지가 있는 또 하나의 영역이다. 아동들이 아버지와 어머니를 반목시키거나 부모와 조부모를 반목시키기도 하는 것처럼 그들은 교사를 자기 부모와 이간질하는 데도 능숙하다. 아동들은 교사가 자기들에게 어떤 단어를 가르쳤고 그래서 자기는 교실에서 그 단어를 거리낌 없이 쓴다고 주장할 수 있다. 이와 똑같이 아동이 자기들은 집에서 욕을 하거나 성에 관한 노골적인 언어를 사용해도 된다고 주장하는 것이다. 물론 욕설을 많이 사용하는 집에서 오는 학생이면 아무리 화가 나고 흥분해도 언어를 절제해야 하는 학교에서 적응하기가 어려울 것이다.

제7장

소비자로서의 만 8~9세 아동

understanding

상품

1990년대 후반 이후로 아동기를 상업화하는 현상이 엄청난 속도로 진행되어왔다. 시장에는 특정 연령대를 목표로 한 옷, 장난감, 책과 온갖 수집물이 넘쳐나고 있다. 8세 정도가 되면 서구 사회에서는 보통 상당한 소비계층을 형성한다. 텔레비전 광고와 상점을 드나들며 마주치는 매혹적인 상품전시 덕분에 그들은 어떤 물건이 나와 있는지도 알고 있다. 부모가 이런 데 접근하는 것을 제한하더라도 아동은 친구들이 가지고 있는 것을 보게 된다. 새 영화나 인기 있는 아동도서는 '반드시 가져야 하는' 수집품과 함께 나온다. 그중 많은 것이 주요 등장인물을 인형으로 만든 것이고, 그 외에 옷이나 스카프, 가방, 필통 등도 나온다. 학용품같이 매우 평범한 물건에 단지 끄트머리에 로고가 새겨져 있다는 이유로 엄청나게 비싼 가격이 매겨진다. 이와 마찬가지로 특정 스포츠팀 응원자나 유명 보이그룹, 걸그룹의 팬들을 유혹하는 상품도 있다. 유명 스포츠 선수나 팝스타가 보증한다고 선전하는 포장 음식 또한 어린 아동들을 목표로

하고 있다.

잠복기 중기의 아동들에게 가장 두드러지는 특징은 물건수집이다. 아이들은 물건을 수집하는 것을 매우 좋아하며 자기들의 수집품을 사회적인 재산처럼 사용한다. 그들은 수집품을 자랑할 수도 있고, 교환하고, 유리한 조건으로 거래하고, 또 불쌍한 친구에게는 자비를 베푸는 등 다양하게 활용할 수 있다. 그러나 불경기가 심할 때 아이가 비싼 수집품을 가지고 있으면 강탈이나 도둑질의 목표가 될 위험도 있다. 학교에서는 아이들에게 돈이 들지 않는 물건을 수집하라고 권하지만 효과적인 판매 전략 앞에서는 방법이 없다. 따라서 많은 학교에서 가지고 올 수 있는 물건에 대한 규칙을 세워놓고, 전자오락기, 핸드폰, 오디오플레이어 등은 학교에 가져오면 안 되는 물품으로 분류하고 있다.

자녀에게 다른 아동과 차이 나는 옷을 입히려고 애쓰는 부모들 때문에 학교는 항상 어려움을 겪어왔다. 오늘날에는 이 연령대 아이들이 '브랜드' 강박 증상에 사로잡히는 바람에 문제가 더욱 심각해졌다. 8세만 되어도 아동의 운동복에는 눈에 띄는 로고가 새겨져 있어야 한다. 가장 큰 문제는 이 연령대 여자아동들의 옷이 여자다움이나 '소녀티'를 강조하는 디자인으로 만들어졌다는 것이다. 끈 팬티, 비키니식 윗옷, 미니스커트 등의 의상이 십 대 이전 소녀들에게 확산됨으로써 (논란은 있지만) 이 연령대 아이들을 지나친 성적 특색을 가진 집단으로 만들었으며, 부모와 학교에 매우 심각한 도전이 되고 있다.

디지털 기술

부모들이 신기술의 압력으로부터 완전히 벗어나기 위해서는 매우 확고한 결심이 필요하다. 예전에는 가정에 텔레비전이 없는 소수의 아동이 텔레비전에서 매우 다양한 프로그램이 방송되고 있다는 것을 알게 되면 또래들보다 부족한 환경에 있다고 생각했다. 지금은 자기 방에 텔레비전이 없는 아동이 소수이다. 그들은 다른 아동들은 모두 자기 텔레비전이 있다고 믿는다. 또한 자기들만 비디오게임기나 DVD 플레이어, 휴대용 전자기기, 개인 컴퓨터가 없다고 생각한다. 2000년대가 시작될 무렵, 사람들은 정말로 이것이 표준이 될 것이라 여겼다. 그런데 이에 대한 반발이 생겼고, 부모들에게 자녀들의 텔레비전 시청 시간을 제한하고, 자녀 방에서 텔레비전을 없애고, 비디오게임에 보내는 시간을 한정하도록 권하게 되었다. 이 캠페인이 얼마나 효과가 있을 것인지, 계속 증가할 것만 같은 시장 세력의 흐름을 저지할 수 있을 것인지는 미지수이다.

이러한 전자, 디지털 혁명이 제대로 활용되면 아동의 삶에 매우 중요한 역할을 할 수 있다. 특히 잠복기 중기 아동들이 복잡한 관계에서 벗어나 새로운 기술을 익히고 새 지식을 습득할 필요가 있을 때는 더 중요할 것이다. 컴퓨터 프로그램이나 비디오게임은 아동에게 자기 속도에 맞춰 자기가 편한 시간에 스스로 관리할 수 있는 학습환경과 도달 가능한 목표를 제공한다. 워드프로세싱 프로그램은 쓰기가 어려운 아동에게 자신감을 부여할 수 있고, 다양한 미술 프로그램은 창의성을 향상시킬 수 있다. 아래의 예를 보자.

아홉 살 수지와 열 살 된 이웃 소녀 타라는 학교를 안 가는 어느 날에 수지의 집에서 놀았다. 수지의 어머니는 컴퓨터 작업이 있어서 아이들에게 엄마가 일에 집중할 수 있도록 조용히 해달라고 했다. 텔레비전도 못 보게 해서 아이들은 심심하고 화가 났다. 어머니는 아이들에게 그림을 그리거나, 마당에서 놀거나, 책을 읽으라고 했다. 아이들은 뭘 할지 모르겠다고 불평했다.

어머니는 아이들이 거의 2시간 동안 방해를 하지 않아서 놀랐다. 어머니는 아이들을 오랜 시간 동안 내버려둔 데 대한 미안한 마음에서 벗어날 수 있었다. 아이들은 어머니에게 자기들이 무엇

> 을 하고 있었는지 너무 보여주고 싶어 했다. 아이들은 그림을 그리기로 했고 그 생각이 발전되어 종이와 마분지, 파이프청소용구를 이용해 모형을 만들기로 했다. 수지가 마녀를 만들자 그것은 동화 '빨간모자'를 생각나게 했다. 아이들은 바로 등장인물을 모두 만들었고 인형극장을 해보는 건 어떨까 생각하게 되었다. 그러자 온갖 방법이 떠오르기 시작했다. 아이들은 인형을 마당에 가지고 나가서 기다란 풀이 숲처럼 보이도록 해서 사진도 찍었다. 새들이 미역 감는 물쟁반은 호수가 되고 스티커를 이용해 할머니집도 만들 수 있었다. 그들은 수지 엄마의 카메라로 사진을 찍고 이제는 그것을 컴퓨터에 넣어 슬라이드쇼를 만들고 싶어 했다. 자막도 이미 만들어놓았다.

잠복기 생활의 수많은 요소가 이 놀이에 모두 포함되어 있는 것 같다. 자기들끼리 놀게 된 두 여자아동은 처음에는 초기 청소년기의 특징인 '나 심심해' 증상을 나타냈고, 함께 놀다보니 잠복기 아동들이 제일 좋아하는 놀이에 빠져들게 되었다. 그림 그리기, 자르기, 스티커 붙이기 등은 초기 잠복기 아동들에게 '안전한' 놀이이고 아동들이 선택한 이야기도 훨씬 어릴 때 읽은 것이지만 그 속에는 모험과 역경, 그리고 악에 대한 선의 승리 등 친숙한 내용이 들어 있다.

이 놀이의 두 번째 부분은 아동들이 이런 친숙한 영역을 뛰어넘어 현대기술을 창의적이면서도 재미있게 활용하는 능력을 보여준다.

식사와 운동

요즘은 비만아동과 식단 문제가 큰 관심의 대상이 되고 있다. 연구에 의하면 아동이 기름진 음식과 염분, 설탕을 너무 많이 섭취하고 있다고 한다. 그런데 운동은 적게 한다. 광고와 매체가 문제를 심각하게 한다는 인식이 제기되면서 패스트푸트 선전을 제한하고 있다. 영국의 여러 학교에서는 매점과 자동판매기를 없애 버렸고, 대부분의 초등학교에서는 설탕과자를 금지하고 대신에 오전 중간에 과일을 주고 있다. 어떤 지역 기관에서는 '학교에 걸어오는 날'을 정하고 부모들이 조직을 만들어 자녀를 보호해주도록 하고 있다. 사람은 적절하게 먹고 규칙적인 운동을 할 때 더 강하고 튼튼해진다는 사실은 말할 것도 없고, 건강한 식사와 집중력 및 학습 능력 간에도 분명한 관계가 있다.

안타깝게도 건강한 학교 급식을 권장하는 운동이 영국 모든 지역에서 즉각적인 성공을 거둔 것은 아니다. 고압적인 간섭이라 여기고 분개하는 가족들도 많았고, 단순히 근거를 믿지 못하는 가족도 있었다. 부모들로서는 자녀들이 먹고 싶어 하는 것을 '빼앗기'가 힘들었으며, 특히 가난과 결핍이 지속되어온 지역에서는 더 심했다. 또한 아동들에게 학교에서 배운 내용을 부모에게 '교육'하도록 하는 것도 힘들다. 아마도 학교급식이 아동들의 식사와 운동에 대한 태도에 영향을 미치는지에 대해서는 장기적으로 지켜봐야 할 것이다.

개인적인 수준에서 볼 때, 어떤 사람에게는 먹는 것이 커다란 즐거움의 원천이지만 또 어떤 사람에게는 갈등과 높은 불안을 일으키는 원인이 된다. 아동이 만 8세나 만 9세가 되면 좋아하고 싫어하는 음식이 분명해지며 식사 시간은 많은 가족에게 가족 드라마의 장이 된다. 음식을 제공하는 것은 부모의 기본 의무 중 하나이며 모든 연령대의 아동은 부모가 특별히 걱정하는 문제에 어떻게 반응해야 할지 알고 있다. '식성이 별스러운' 만 9세 남자아동의 어머니가 이야기하는 것처럼 "아들은 어떻게 행동해야 하는지를 알고 있다." 그녀는 아들이 어렸을 때도 마찬가지였다고 한다. 아들은 엄마가 피곤하고 힘든 때를 아는 것 같았고 그럴 때면 평소보다 더 많이 먹곤 했다. 일반적으로 음식을 많이 먹는 아동보다 음식을 거부하는 아동이 부모에게 더 걱정이다. 이때는 부모와 자녀 양쪽 모두 불안이 상승되는 것을 막기 위해 가족이든 전문가든 제삼자의 개입이 필요할 때가 자주 있다. 아동이 동물을 좋아해서 채식주의자가 될 수도 있고, 갑자기 유기농 음식을 찾거나 탄소발자국이 있는 음식을 요구하는 때가 바로 이 연령대이다. 이 중 일부는 금방 사라지고, 남아 있는 일부는 아이들 각자의 정체감의 일부로 발달한다.

사소한 섭식 장애는 행동주의 전략으로 대체로 수정된다. 그러나 어떤 경우는 몸매나 성장, 분리, 학교에서의 경쟁 등에 대한 걱정으로 유발된 매우 심각한 문제를 암시할 수 있다. 만 9세 아동의 식습관에 갑작스런 변화가 생겼다면 아마도 심각하게 생각해야 할 것이다. 다양한 장소에서 다양한 음식을 먹을 수 있다는 것은 집과 가족을 벗어나 사회적 삶을 발달시키는 데 중요한 요소이다.

결론

전환

십 대가 된다는 것은 매우 중요한 의미가 있다. 교육기관에 따라 만 10세 혹은 만 11세가 되면 초등학교에서 중학교로 옮겨가는 경우도 있다.

‘거의 10세’가 된 아동은 ‘갓 8세’이던 때로부터 오랜 시간을 지나왔으며, 대부분은 다음 단계로 나아가기를 손꼽아 기다린다. 그러나 10세 생일을 맞이하는 아동 중에는 신체적, 심리적, 정서적으로 언제든지 나아갈 준비가 되어 있는 아동도 있고, 고요한 잠복기에서 벗어나는 것을 상대적으로 꺼리는 아동도 있다.

10세가 가까워지는 아동들은 일반적으로 자기가 누구이며, 가정, 가족, 학교 같은 좀 더 큰 상황 속에서 어떤 위치에 있는 사람인지에 대한 일관된 인식을 가지고 있다. 또한 자신의 강점과 약점에 대해 어느 정도 이해하고 있고, 싫고 좋은 것, 관심 있는 것과 없는 것에 대한 분명한 개념이 있다. '거의 10세'가 된 아동 대부분이 자기들에게 개인사가 있다는 것을 알고 있고 부모님과 조부모님으로부터 그에 대한 이야기 듣기를 좋아한다. 그들은 또한 자기들이 성취하고 싶은 것에 대한 개념을 가지고 미래에 대한 생각도 할 수 있다. 그들의 욕망은 다소 비현실적일 수 있지만 적어도 자기들이 성인세계에서 가질 역할에 대해 상상할 수 있다. 아동들은 더 이상 사물을 흑백논리로 단순하게 보지 않고 다양한 관점을 포괄하기 시작하고 자기들의 양가감정까지도 인식할 수 있다. 만 8~9세 시기의 막바지에 있는 아동들은 새 친구관계를 자주 실험해보고 다양한 소집단에 소속되는 의미를 중요하게 여기기 시작한다. 10세가 다 된 아동은 부모님이 소중하게 생각하는 것에 대해 동의하지 않기 시작하고, 갑자기 말을 듣지 않고, 더 따지는 것처럼 보일 수도 있다. 지난 2~3년간 그들의 에너지가 지식과 기술을 습득하는 것에 향하고 있었으나 이제는 인간관계라는 세계로 그 초점이 바뀐 것이다.

참고 도서

Bartram, P. (2007) *Understanding Your Young Child with Special Needs.* London: Jessica Kingsley Publishers.

Emanuel, L. (2005) *Understanding Your Three-Year-Old.* London: Jessica Kingsley Publishers.

ChildLine (1999) *Suddenly…99 Short Stories for the Millennium.* High Wycombe: Staples.

Youell, B. (2006) *The Learning Relationship: Psychoanalytic Thinking in Education.* London: Karnac.

찾아보기